追尋／這世界的祕密

周國平

Content 目次

Part 1 哲學開始於仰望天穹

Part2 探究存在之謎

Part3 哲學與我們的時代

Part1

哲學開始於仰望天穹

01

哲學開始於仰望天穹

哲學是從仰望天穹開始的。

每個人在童年時期必定會有一個時刻，也許是在某個夏夜，抬頭仰望，突然發現了廣闊無際的星空。這時候，他的心中會油然生出一種神祕的敬畏感，一個巨大而朦朧的問題開始叩擊他的頭腦：世界是什麼？

這是哲學的悟性在心中覺醒的時刻。每個人心中都有這樣的悟性，可是並非每個人都能夠把它保持住。隨著年齡增長，我們日益忙碌於世間的事務，上學啦，做功課啦，考試啦，畢業後更不得了，要養家糊口，發財致富，揚名天下，哪裡還有閒工夫去看天空，去想那些「無用」的問題？所以，生活越來越繁忙，世界越來越喧鬧，而哲學家越來越稀少了。

當然，對大多數人來說，這是不得已的，也是無可指責的。不過，如果你真的對哲學感興趣，那你就最好把閒暇時看電視和玩遊戲機的時間省出一些來，多到野外或至少是戶外去，靜靜地看一會兒天，看一會兒雲，看一會兒繁星閃爍的夜空。有一點我敢斷言：對大自然的神祕無動於衷的人，是不可能真正領悟哲學的。

關於古希臘最早的哲學家泰勒斯，有一則廣為流傳的故事。有一回，他走在路上，抬頭仰望天上的星象，如此入迷，竟然不小心掉進了路旁的一口井裡。這情景被一個姑娘看見了，便嘲笑他只顧看天而忘了地上的事情。姑娘的嘲笑也許不無道理，不過，泰勒斯一定會回答她說：「在無限的宇宙中，人類的活動範圍是如此狹小，忙於地上的瑣事而忘了看天是一種更可笑的無知。」

包括泰勒斯在內的好幾位古希臘哲學家同時又是天文學家，這大概不是偶然的。德國哲學家康德說：「世上最使人驚奇和敬畏的兩樣東西就是頭上的星空和心中的道德律。」中國最早的哲學家老子、孔子、墨子、孟子也都曾默想和探究「天」的道理。地上滄桑變遷，人類世代更替，蒼天卻千古如斯，始終默默無言地覆蓋著人類的生存空間，襯托出了人類存在的有限和生命的短促。它的默默無言是否蘊含著某種高深莫測的意味？它是神的居所，還是物質的大自然？

仰望天穹，人不由自主地震撼於時間的永恆和空間的無限，於是發出了哲學的追問：這無始無終無邊無際的世界究竟是什麼？

02

世界究竟是什麼

古希臘哲人赫拉克利特說：「我們不能兩次踏進同一條河。」中國哲人孔子站在河岸上歎道：「時間就像這條河一樣晝夜不息地流逝著。」

他們不約而同地都把時間譬作永遠奔流的江河。不過，這個譬喻只能說明世界是永恆變化的，沒有解答世界究竟是什麼的問題。要說清楚世界究竟是什麼，這是一件難事。

世間萬物，生生不息，變易無常。在這變動不居的萬物背後，究竟有沒有一種持續不變的東西呢？

世間萬象，林林總總，形態各異。在這五花八門的現象背後，究竟有沒有一個統一的東西呢？

追問世界究竟是什麼，實際上就是要尋找這變中之不變、這雜多中之統一。哲學家們把這種不變的統一的東西叫作「實體」、「本體」、「本根」、「本質」等等。

如果說一切皆變，究竟是什麼東西在變？變好像總是應該有一個承擔者的。沒有承擔者，就像一臺戲沒有演員，令人感到不可思議。

譬如說，我從一個嬰兒變成兒童、少年、青年、中年人，最後還要變成老年人。你若問是誰在變，我可以告訴你是我在變，無論我變成什麼年齡的人，這個我仍然是我，在變中始終保持為一個有連續性的獨立的生命體。同樣道理，世界無論怎樣變化，似乎也應該有一個不變的內核，使它仍然成其為世界。

最早的時候，哲學家們往往從一種或幾種常見的物質形態身上去尋找世界的這種「本體」，被當作「本體」的物質形態有水、火、氣、土等等。他們認為，世間萬物都是由它們單獨變來或混合而成。

後來，古希臘哲學家留基伯和德謨克利特提出了一種影響深遠的看法：萬物的統一不在於它們的形態，而在於它們的結構，它們都是由一種相同的不可分的物質基本粒子組成的，這種基本粒子叫作原子。物理學在相當長的時期內曾經支持這個看法，但是現代物理學的發展已經對基本粒子的存在及其作用提出了一系列質疑。

另一些哲學家認為，既然一切物質的東西都是變化無常的，那麼，使世界保持連續性和統一性的「本體」就不可能是物質的東西，而只能是某種精神的東西。他們把這種東西稱作「理念」、「絕對精神」等等，不過，它的最確切的名稱是「神」。他們彷彿已經看明白了世界這幕戲，無論它劇情如何變化，都是由神按照一個不變的劇本導演的。這種觀點得到了宗教的支持。

在很長時期裡，哲學被這兩種觀點的爭論糾纏著。可是，事實上，這兩種觀點的根本出發點不同，誰也說服不了誰，是永遠爭論不出一個結果來的。值得注意的是，他們沒有結果的爭論引起了另一些哲學家的思考，對他們爭論的問題本身產生了懷疑。

03

世界有沒有一個開端

這裡所說的「世界」是指宇宙。現代天文學和宇宙學已經很雄辯地證明，我們的地球、地球所屬的太陽系、太陽系所屬的銀河系都是有一個開端的，並且必將有一個終結。但是，銀河系只是宇宙的一個極小部分，整個宇宙有沒有一個開端呢？

沒有開端似乎是一件不可思議的事。我們每個人的生命、整個人類、世上萬事萬物都有一個開端，世界本身怎麼會沒有一個開端呢？沒有開端意味著世界在到達今天的狀態之前，已經走過了無限的路程，而無限的路程也就是走不完的路程，世界怎麼能把這走不完的路程走完呢？

所以，出於常理，早期哲學家們往往喜歡給世界尋找一個開端。例如，赫拉克利特認為世界的開端是火，這火在冷卻過程中形成了世間萬物。

可是，我們馬上可以問：這火是從哪裡來的呢？對此只有兩種可能的回答。一種回答是，這火原來不存在，有一天突然無中生有地產生並且燃燒了起來，於是便有了世界。無中生有顯然是荒唐的，為了避免這荒唐，必須設定一個創造者，後來基督教正是這麼做的。

赫拉克利特採用的是另一種回答：這火是永恆存在著的，並且按照一定週期熄滅和燃燒，由此形成了萬物又使萬物複歸於火。很明顯，這個答案實際上意味著世界並沒有一個開端，它是一個永恆循環的過程。

最堅決地主張世界有一個開端的是基督教。基督教認為，世界以及世間萬物都是上帝用了六天工夫創造出來的。有人問：上帝在創造世界之前在做什麼呢？西元五世紀的神學家奧古斯丁答道：「時間是上帝所創造的世界的一個性質，在世界被創造之前並不存在。」這個回答只是巧妙地迴避了問題，卻沒有回答問題。它的意思是說，在上帝創造世界之前不存在時間，因而也不存在只有在時間中才能發生的一切，所以，你根本不能問在上帝創造世界之前發生了什麼。然而，所謂「世界」應是無所不包的，包括一切存在，如果真有上帝，則上帝也包括在內。因此，既然在創世之前就存在著上帝，創世就不能算是世界的開端，我們不得不問：上帝從何而來，它有沒有一個開端？其實，上帝創世說的真正含義是，我們可以理解的這個世界是必須有一個開端的，在此開端之前的是我們所不能理解的永恆，我們不該再去追問，「上帝」便是標誌這個神祕的永恆的一個名稱。

一般來說，科學家以及具有科學精神的哲學家都傾向於認為世界沒有一個開端。可是，這種情況最近好像有了變化。當代宇宙學家提出了一個關於宇宙開端的令人震驚的假說，按照這個假說，發生在大約一百五十億年前的一次「大爆炸」是宇宙的開端。不過，對這一假說感興趣的讀者不妨去讀一讀當代最權威的宇宙學家霍金寫的《時間簡史》，他在這本書裡清楚地告訴我們，之所以把「大爆炸」看作宇宙的開端，僅僅是因為「大爆炸」徹底消滅了在它之前可能發生過的一切事件的痕跡，使它們對我們而言，永遠失去了任何可觀測的效果。所以，嚴格地說，即使發生過「大爆炸」，它也不是宇宙的開端，而只是我們可能觀測到的這一段宇宙歷史的開端。

04

先有雞還是先有蛋

先有雞，還是先有蛋？這一個看上去很簡單的問題好像難倒了所有人。宇宙有沒有一個開端的問題其實與這個問題非常相似。讓我們來討論一下這個問題。

你當然知道，如果你說先有雞，我會問你這隻雞從哪裡來，如果你說先有蛋，我同樣會問你這個蛋從哪裡來，所以這兩個答案都是不可取的。你很可能會用進化論來解釋，當某種動物進化成雞的時候，這種動物的蛋也就變成了雞的蛋，所以雞和蛋幾乎是同時產生的，不能分出先後。事實上，許多人都是這麼回答的。可是，這種回答只是把問題往前推了，因為對在雞之前的那種動物——比方說某種鳥——來說，問題仍然存在：先有這種鳥，還是先有這種鳥的蛋？即使一直推到植物，我仍然可以問：先有這種植物，還是先有植物的種子？推到靠細胞分裂來繁殖的單細胞生物，我仍然可以問：先有這種單細胞生物，還是先有它的分裂？在所有這些場合，問題仍是那同一個問題，問題的性質絲毫沒有變。那麼，我們還是回到雞和蛋的例子上來吧。

這個問題的困難點在於，我們既不能追溯到第一隻雞，它不是蛋孵出來的，也不能追溯到第一隻蛋，它不是雞生出來的。在雞與蛋的循環中，我們不能找到一個開端。然而，沒有開端又似乎是荒謬的，我們無法想像在既沒有第一隻雞也沒有第一隻蛋的情況下，怎麼會有現在的雞和蛋。

世界有沒有一個開端的問題只是在無限大的規模上重複了這個難題。難題的實質也許在於，我們不能接受某個結果沒有原因。如果你為世界確定了一個開端，就必定要面對這個問題：造成這個開端的原因是什麼？無論你把原因歸結為世界在這開端之前的某種狀態還是上帝，你實際上都已經為這個開端本身指出了一個更早的開端，因而也就不稱其為開端了。如果你否認世界有一個開端，也就是否認世上發生的一切事件有一個初始的原因，那麼，沒有這個初始的原因，後來的這一切事件又如何能做為結果發生呢？我們的思想在這裡陷入了兩難的困境。康德認為這個困境是人類思想無法擺脫的，他稱之為「二律背反」[註1]。但是，也有的哲學家反對他的看法，認為這個困境是由我們思想方法的錯誤造成的，譬如說，用因果關係的模式去套宇宙過程就是一種錯誤的思想方法。

這兩種看法究竟哪種對，哪種錯？我建議你不妨仔細想想雞與蛋的問題，然後再加以評論。

05

宇宙在空間上有沒有邊界

宇宙在空間上有沒有邊界？讓我們就這個問題進行一場對話。我問，你答，當然是由我琢磨和寫出你的可能的回答。

問：首先讓我們假定宇宙是無限的，它沒有邊界。請你想像一下這個沒有邊界的無限的宇宙是什麼樣子的，然後告訴我。

答：它四面八方都沒有界限。

問：你這話只是重複了我的問題，我要問的正是這個「沒有界限」是什麼樣子。

答：我先想到我們的地球、太陽系、銀河系，接著想到在銀河系外還有別的星系，別的星系外還有別的星系，這樣一直推到無限遠。

問：對了，我們是不可能直接想像沒有邊界的東西的。為了想像沒有邊界的東西，我們先想像它的一個部分，這個部分是有邊界的，然後再想像與它相鄰的一個部分，這樣逐步擴展和綜合。但是，不管你想像了多少部分並且把它們綜合起來，你得到的結果仍然是一個有邊界的有限的東西。你所說的「這樣一直推到無限遠」只是一句空話，你在想像中不可能真正做到。

答：我承認我做不到。當我的想像力試圖向無限遠推進時，它就停了下來，我只好用語言來說明它，對自己說：就這樣一直推進吧！

問：正是這樣，這說明我們無法想像一個沒有邊界的宇宙。現在讓我們假定宇宙是有邊界的，請你想像一下，在它的邊界之外有什麼東西？

答：應該是沒有任何東西，否則就不稱其為邊界了。

問：你說得對。如果仍有東西，我們就必須把它的邊界定位在那些東西的外側，直到沒有任何東西為止。這就是說，在它的邊界之外只有空無。現在你遇到和剛才相似的麻煩了：你必須想像宇宙邊界之外的空無，這空無沒有邊界。

答：我想像不了。

問：由此可見，不管宇宙有沒有邊界，都是不可思議的。

在上面的對話中，我們基本上重複了康德的一段議論。其實，他在論證宇宙既不可能沒有邊界又不可能有邊界時，所依據的是同一個理由：我們無法想像無限的空間，不管這空間是空的還是充滿著物體的。如果要我選擇，我寧可相信宇宙是沒有邊界的，因為想像有內容的無限畢竟還可以從它的有限部分開始，想像空無的無限連這樣的起點也找不到。

現代宇宙學家在愛因斯坦的廣義相對論的基礎上提出了一個假說：我們這個宇宙在空間上是有限而沒有邊界的。有限怎麼會沒有邊界呢？因為它的空間是彎曲而封閉的引力場，這空間既不和虛空也不和別的物體接界。至於在我們的宇宙之外還有沒有別的宇宙，我們永遠不會知道，因此不必去考慮。可惜的是，哲學往往不聽科學的規勸，偏要考慮那些不可知的事。我們無法壓抑自己的好奇：如果在我們的有限宇宙之外的既非虛空，又非別的宇宙，那會是什麼東西呢？

06

時間之謎

在世上一切東西中，時間是最難解的謎之一。

時間是什麼？你也許會說，時間就是秒、分鐘、小時、日、月、年等等。不錯，我們是用這些尺度來衡量時間的，可是那被衡量的東西是什麼？

人們曾經相信，時間是由無數瞬間組成的，瞬間與瞬間之間彼此連接，不可分割，並且以均勻的速度前後相續，就這樣從過去向未來延伸。如果畫在紙上，就是一條箭頭指向前方的直線。這便是從古希臘一直延續到牛頓的「絕對時間」的觀念。愛因斯坦用他所創立的相對論打破了這個觀念，他發現，對處在不同空間和運動速度中的人來說，時間的量度是不同的。假如有一對雙胞胎，老大是宇宙飛行員，以接近於光速的速度在宇宙中航行，老二在地球上生活，當老大回到地面時，他會比老二年輕許多。這便是所謂「相對時間」的觀念。不過，相對論只是說明了時間量度與空間和運動速度的相對關係，並未告訴我們時間本身是什麼。

不管我們把時間描繪成一條直線還是一條曲線，我們只能生活在當下這個瞬間。你說你今年十五歲了，你已經活了十五個年頭，可是這過去的十五個年頭在哪裡？假定你還能活八十年，這未來的八十年又在哪裡？至於當下這個瞬間，它也是轉瞬即逝的，你還來不及喊出「現在」這個詞，「現在」就已經成了過去。那麼，究竟有沒有時間這回事呢？

由於在外部世界中似乎找不到時間的客觀根據，有些哲學家就試圖在人的主觀世界中發現時間的祕密。例如，康德認為，時間是人的感覺的先天形式，人把它投射到了外部世界中。法國哲學家柏格森認為，在外部物理世界中只有空間，沒有時間，因為我們在那裡看不到物體在時間中的延續，只能看見物體在空間中的伸展；相反，在我們的內在心理世界中只有時間，沒有空間，時間就是我們的意識狀態的前後相續和彼此滲透。在每一個瞬間，我們都能夠體驗到記憶和想像、過去和未來的交織，從而體驗到時間的真正延續。不過，這種時間是不能用人工規定的尺度來衡量的，譬如說，無論你怎樣用心，你都不能通過內心體驗來獲知自己的年齡。

很顯然，柏格森所說的時間與牛頓所說的時間完全是兩碼事。那麼，究竟是存在著兩種時間呢，還是其中一種為真，另一種為假，或者它們都只是虛構？迄今為止，關於時間已經有過許多不同的定義，例如：

一、時間是物質存在的客觀形式。
二、時間是運動著的物體的一種動力量。
三、時間是人類所制定的測量事物運動變化的尺度。
四、時間是人類特有的生存方式。
五、時間是人類固有的感覺形式。
六、時間是一種內心體驗。

在這些定義中，你贊成哪一個？

07

因果之間有必然聯繫嗎

世上發生的每一件事必定是有原因的，如果沒有原因，就不會有任何事情發生。這個道理好像是十分清楚的。可是，讓我們來看看，從這個似乎清楚的道理會推出怎樣荒謬的結論。

譬如說，有一個人出門，當他經過一幢房屋時，屋頂上掉下一塊石頭，把他砸死了。按照上面的道理，我就要問你：他為什麼被砸死？你一定會分析說：因為當時刮起一陣大風，把石頭吹下來了，而他剛好經過。當你這麼分析時，你實際上提到了兩件事做為他被砸死的原因，一是當時颳風吹落石頭，二是他剛好經過。所以我要繼續問你：一、為什麼當時會颳風，並且把石頭吹落？二、為什麼他會在這個時候經過那裡？對前一個問題，你就會分析氣流變化如何導致颳風，年久失修如何導致屋頂石頭鬆動等等；對後一個問題，你就會解釋這個人為了什麼事出門，為何走這條路線等等。你的每一次回答都涉及更多的事件，因而我可以不斷地問下去，以至於無窮。

照這樣分析，這個人被砸死是必然的嗎？有些哲學家就是這樣認為的。在他們看來，世上每件事情做為結果都必有其原因，當然往往不止一個原因，是這些原因共同作用的結果，而這些原因中的每一個又是更早的一些原因的結果，如此組成了一張延伸到無窮遠的因果關係的大網，在這張大網上，每一件事的發生都是必然的。

你也許會反駁說：不對，儘管這個人被砸死是有原因的，但有原因不等於必然。譬如說，他在剛出門時也許遇見了一個熟人，他和熟人聊了一會兒天，這才導致當石頭落下時他剛好到達現場，所以被砸死了。如果他不遇見那個熟人，石頭落下時他就已經越過現場，也就不會被砸死了。可見他被砸死是偶然的。

但是，按照上面的道理，我會說：那個熟人之所以在那個時候經過他家的門口也是有原因的，這些原因加上他這方面的原因決定了他在出門時必定會遇見那個熟人，必定被耽擱了一會兒，必定被砸死。

難道這個可憐的傢伙非被砸死不可嗎？這好像太荒謬了。可是，在上述那些哲學家看來，這並無荒謬之處，我們之所以覺得荒謬是因為我們未看到事情的前因後果。如果我們能夠像上帝一樣居高臨下地看清楚世上從過去到未來的一切事情之間的全部因果關係，就會知道每一件事情都是必然的了。但這是不可能的，而正因為不能弄清導致某些事情發生的全部原因，我們才誤認為它們是偶然的。

在哲學史上，這種觀點被稱作機械決定論。為了反駁這種觀點，有些哲學家就試圖劃清因果性和必然性的界限。他們承認，有果必有因，有因必有果，但他們強調，原因和結果之間並沒有必然的聯繫。確定的原因 a 未必導致確定的結果 e，而只是規定了一組可能的結果 e、f、g、h，其中 e 的實現也許具有較大的可能性，但究竟哪個結果實現終歸是帶有偶然性的。這個解釋好像也不太能自圓其說。如果問他們：在這一組可能的結果中，為什麼恰好是 e 這個結果而不是別的結果實現了呢？他們或許只能回答說沒有原因，而這就等於承認有果未必有因，從而放棄了因果性原則，或者必須為此另找原因 b，而這就等於說原因 a + b 必然導致結果 e，從而仍把因果性和必然性等同起來了。

08

是否存在因果關係

冬天的夜晚，大雪紛飛。白天，太陽出來了，晒在積雪上，雪融化了。問你雪融化的原因。你一定回答是因為太陽晒。可是，你只能看到太陽晒和雪融化這樣兩個不同的事實，你沒有看見它們之間的因果關係，憑什麼推斷前一個事實是後一個事實的原因呢？你也許會說：我們可以通過溫度計測量出太陽晒導致了雪的溫度升高，又測量出雪的溫度升高到一定的度數會融化，這就證明了兩者之間有因果關係。

可是，你這樣做只是插進了更多無法感知的因果關係，你能看到太陽晒和溫度計的水銀柱升高、水銀柱升高和雪融化，但你仍然不能看到其間的因果關係。哪怕你搬出顯微鏡，通過顯微鏡看到水分子在太陽照射下運動加劇，水分子之間的距離增加，以此來證明太陽晒與雪融化之間有因果關係，我也仍然可以反問你：你只是看到了太陽晒、水分子的運動、雪融化這三個事實，可是你看到它們之間的因果關係沒有呢？無論你運用多麼精密的儀器進行觀察和實驗，你看到的都只能是一個個事實以及它們之間同時或相繼出現的關係，從這種關係永遠不能推斷出因果關係。

我在這裡所說的正是十八世紀英國哲學家休謨的看法。他不但否認因果之間有必然聯繫，而且否認任何因果關係的存在。他的觀點可以歸結為兩點：

第一，我們的感官只能感知個別的事實，並不能感知事實之間有沒有因果關係。僅僅由於某些事實經常集合在一起先後或同時被我們感知，我們便推斷它們之間有因果關係。所以，所謂因果關係只不過是我們的習慣性聯想，至於實際上是否存在，我們永遠也無法知道。

第二，所謂因果關係是一事實必然導致另一事實的關係，可是，觀察和實驗總是有限的，不管我們多少次看到兩個事實同時或相繼出現，我們也不能據此斷定它們永遠如此。即使你天天早晨看到太陽升起，你也不能據此斷定明天早晨太陽也一定升起。經驗只能說明過去，不能說明未來，從經驗中不能得出永遠有效的必然判斷。

不管休謨的看法是對是錯，有幾分道理，終究對後來的哲學家產生了重大影響。他之後的哲學家對因果關係往往持比較慎重的態度，他們或者只把它看作或然關係，即一事實很可能（不是必然）導致另一事實，或者只把它看作我們用來整理經驗材料的一種必要的思想方式。

那麼，在客觀事物之間是否存在著必然的因果關係呢？很可能存在，不過，如果你不滿足於僅僅抱有這個信念，而是想從理論上證明它，你就會發現這不是一件容易的事。迄今為止，還沒有一個哲學家能夠令人信服地做到這一點呢。也許你能，那就不妨試一試。

自然有沒有一個目的

我先問你一個小問題：「人的鼻孔為什麼是朝下的？」你大約會說：「當然得朝下，如果朝上，下雨時雨水不就要灌進去了嗎。」好了，你的這個回答表達了一種哲學觀點，它在哲學史上被稱作目的論。

世界真奇妙，令人不由自主地驚歎大自然獨具匠心，冥冥中是否有一種有目的的安排。你看，太陽給地球以適度的光和熱，使百草茂盛，萬物生長。植物有根吸收水分和養料，有葉接受陽光，有花繁殖後代。動物的器官各有各的用處。最奇妙的是人類的存在，造物主賦予我們以智慧的頭腦和情感的心靈，彷佛就是為了讓我們來思考和欣賞祂所創造的這個美麗的世界。

然而，對於同樣的現象，完全可以做出不同的解釋。例如，你既可以說鼻孔朝下是為了不讓雨水灌進去，這是目的論的解釋；也可以說這是自然選擇的結果，也許曾經有過一些鼻孔朝上的生物，由於不適於生存而被淘汰了，這是因果論的解釋。這兩種解釋都有不能自圓其說的地方。一方面，如果自然的變化沒有一個目的，它為什麼要把不適於生存的物種淘汰，只留下適於生存的物種呢？可見它至少有一個目的，那就是促進生存。另一方面，如果自然真有一個目的，它為什麼要創造出許多不適於生存的物種然後又把它們消滅，為什麼要用洪水、地震、瘟疫等無情地毀滅掉它好不容易創造出的生命？可見所謂目的只是一種斷章取義的解釋。

其實，這兩種解釋之間的差異並不像看上去的那麼大。因果論的解釋從現狀出發向過去追溯，把過去的事件當作原因來解釋現狀。目的論的解釋從過去出發向現狀推演，把現狀當作目的來解釋過去的事件。這兩種解釋推至極端，便會殊途同歸，同樣導致宿命論。說世上一切事情都是由因果關係的鐵的必然性所決定的，或者說它們是由上帝按照一定的目的安排好的，我很難看出這兩種說法有什麼實質的區別。

那麼，還有沒有別種解釋呢？有的，那就是偶然論的解釋。這種理論認為，整個宇宙是一種完全沒有秩序的混亂，在這片混亂中，在一個相對而言極狹小的區域裡，之所以會形成一個比較有秩序的世界，誕生了我們的星系、地球、地球上的生命以及人類，純粹是偶然的。這就好比一則英國故事所形容的：有一群猴子圍著一臺打字機敲打鍵盤，打出了許多毫無意義的字母。可是有一回，它們打出的字母居然連綴成了一首莎士比亞的短詩。你能說牠們是有意要打這首詩的嗎？當然不能。你能找出牠們打出這首詩的必然原因嗎？肯定也不能。所以，除了用純粹的偶然性來解釋外，你別無選擇。如果把自然理解為整個宇宙，情形正是如此。當然，這不排斥在一個狹小的範圍內，即在我們所生活的這個比較有秩序的宇宙區域內，事物的發展呈現出某種因果性或目的性的表徵。但是，你不要忘記，這種因果性和目的性的表徵只有非常相對的意義，它們是從宇宙的大混沌中純粹偶然地產生的，並且終將消失在這個大混沌之中。

10

杞人是一位哲學家

河南有個杞縣，兩千多年前出了一個憂天者，以此而聞名中國。杞縣人的這位祖先，不好好地過太平日子，偏要胡思亂想，竟然擔憂天會塌下來，令他渺小的身軀無處寄存，為此而睡不著覺，吃不進飯。

他的舉止被當時某個秀才記錄了下來，秀才熟讀教科書，一眼便看出憂天違背常識，所以筆調不免帶著嘲笑和優越感。靠秀才的紀錄，這個杞人從此做為庸人自擾的典型貽笑千古。聽說直到今天，杞縣人仍為自己有過這樣一個可笑的祖先而感到羞恥，彷彿那是一個笑柄，但凡有人提起，便覺幾分尷尬。還聽說曾有當權者銳意革新，把「杞人憂天」的成語改成了「杞人勝天」，號召縣民們用與天奮鬥的實際行動洗雪老祖宗留下的憂天之恥。

可是，在我看來，杞縣人是不應該感到羞恥，反而應該感到光榮的。他們那位憂天的祖先哪裡是什麼庸人，恰恰相反，他是一位哲學家。試想，當所有的人都在心安理得地過日子的時候，他卻把眼光超出了身邊的日常生活，投向了天上，思考起了宇宙生滅的道理。誠然，按照常識，天是不會毀滅的。然而，常識就一定是真理嗎？哲學豈不就是要突破常識的範圍，去探究常人所不敢想、未嘗想的宇宙和人生的根本道理嗎？我們甚至可以說，哲學就是從憂天開始的。

在古希臘，憂天的杞人倒是不乏知己。亞里斯多德告訴我們，赫拉克利特和恩培多克勒都認為天是會毀滅的。古希臘另一個哲學家阿那克薩哥拉則根據隕石現象斷言，天由石頭構成，劇烈的旋轉運動使這些石頭聚在了一起，一旦運動停止，天就會塌下來。不管具體的解釋多麼牽強，關於天必將毀滅的推測卻是得到了現代宇宙學理論的支持的。

也許有人會說，即使天真的必將毀滅，那日子離杞人以及迄今為止的人類還無限遙遠，所以憂天仍然是可笑而愚蠢的。說這話的意思是清楚的，就是人應當務實，更多地關心眼前的事情。

人生不滿百，億萬年後天塌不塌下來，人類毀不毀滅，與你何干？但是，用務實的眼光看，天下就沒有不可笑不愚蠢的哲學了，因為哲學本來就是務虛，而之所以要務虛，則是因為人有一顆靈魂，使他在務實之外還要玄思，在關心眼前的事情之外還要追問所謂終極的存在。

當然，起碼的務實還是要有的，即使哲學家也不能不食人間煙火，所以，杞人因為憂天而「廢寢食」倒是大可不必。

按照《列子》的記載，經過一位同情者的開導，杞人「舍然大喜」，不再憂天了。唉，咱們總是這樣，哪裡出了一個哲學家，就會有同情者去用常識開導他，把他拉扯回庸人的隊伍裡。中國之缺少哲學家，這也是原因之一吧。

Part2

探究存在之謎

01

探究存在之謎

一

如同一切「文化熱」一樣，所謂「昆德拉熱」也是以誤解為前提的。人們把道具看成了主角，誤以為眼前正在上演的是一齣政治劇，於是這位移居巴黎的捷克作家便被當作一個持不同政見的文學英雄受到了歡迎或者警惕。

現在，隨著昆德拉的文論集《小說的藝術》中譯本的出版，我祝願他能重獲一位智者應得的寧靜。

昆德拉最欣賞的現代作家是卡夫卡。當評論家們紛紛把卡夫卡小說解釋為一種批評資本主義異化的政治寓言的時候，昆德拉卻讚揚它們是「小說的徹底自主性的出色樣板」，指出其意義恰恰在於它們的「不介入」，即在所有政治綱領和意識形態面前保持完全的自主。

「不介入」並非袖手旁觀，「自主」並非中立。卡夫卡也好，昆德拉也好，他們的作品即使在政治的層面上也是富於批判意義的。但是，他們始終站得比政治更高，能夠超越政治的層面而達於哲學的層面。如同昆德拉自己所說，在他的小說中，歷史本身是被當作存在境況而給予理解和分析的。正因為如此，他們的政治批判也就具有了超出政治的人生思考的意義。

高度政治化的環境對於人的思考力具有一種威懾作用，一個人哪怕他是笛卡兒，在身歷其境時恐怕也難以怡然從事「形而上學的沉思」。面對血與火的事實，那種對於宇宙和生命意義的「終極關切」未免顯得奢侈。然而，我相信，一個人如果真是一位現代的笛卡兒，那麼，無論他寫小說還是研究哲學，他都終能擺脫政治的威懾作用，使得異乎尋常的政治閱歷不是阻斷而是深化他的人生思考。

魯迅曾經談到一種情況：呼喚革命的作家在革命到來時反而沉寂了。我們可以補充一種類似的情況：呼喚自由的作家在自由到來時也可能會沉寂。僅僅在政治層面上思考和寫作的作家，其作品的動機和效果均繫於那個高度政治化的環境，一旦政治淡化（自由正意味著政治淡化），他們的寫作生命就結束了。他們的優勢在於敢寫不允許寫的東西，既然什麼都允許寫，他們還有什麼可寫的呢？

比較起來，立足於人生層面的作家有更耐久的寫作生命，因為政治淡化原本就是他們的一個心靈事實。他們的使命不是捍衛或推翻某種教義，而是探究存在之謎。教義會過時，而存在之謎的謎底是不可能有朝一日被窮盡的。

所以，在移居巴黎之後，昆德拉的作品仍然源源不斷地問世，我對此絲毫不感到奇怪。

二

在《小說的藝術》中，昆德拉稱小說家為「存在的勘探者」，而把小說的使命確定為「通過想像出的人物對存在進行深思」，「揭示存在的不為人知的方面」。昆德拉所說的「存在」，直接引自海德格的《存在與時間》。儘管這部巨著整個是在談論「存在」，卻始終不曾給「存在」下過一個定義。海德格承認：「『存在』這個概念是不可定義的。」我們只能約略推斷，它是一個關涉人和世界的本質的範疇。正因為如此，存在是一個永恆的謎。按照尼采的說法，哲學家和詩人都是「猜謎者」，致力於探究存在之謎。那麼，小說的特點何在？在昆德拉看來，小說的使命與哲學、詩並無二致，只是小說擁有更豐富的手段，它具有「非凡的合併能力」，能把哲學和詩包容在自身中，而哲學和詩卻無能包容小說。

在勘探存在方面，哲學和詩的確各有自己的尷尬。哲學的手段是概念和邏輯，但邏輯的繩索不能套住活的存在。詩的手段是感覺和意象，但意象的碎片難以映顯完整的存在。很久以來，哲學和詩試圖通過聯姻走出困境，結果好像並不理想，我們讀到了許多美文和玄詩，也就是說，許多化裝為哲學的詩和化裝為詩的哲學。我不認為小說是唯一的乃至最後的出路，然而，設計出一些基本情境或情境之組合，用它們來包容、聯結、貫通哲學的體悟和詩的感覺，也許是值得一試的途徑。

昆德拉把他小說裡的人物稱作「實驗性的自我」，其實質是對存在的某個方面的疑問。例如，在《不能承受的存在之輕》（臺灣版《生命中不能承受之輕》）中，托馬斯大夫是對存在之輕的疑問，特麗莎是對靈與肉的疑問。事實上，那些都是作者自己的疑問，推而廣之，也是每一個自我對於存在所可能具有的一些根本性困惑，昆德拉為之設計了相應的人物和情境，而小說的展開便是對這些疑問的深入追究。

關於「存在之輕」的譯法和含義，批評界至今眾說紛紜。其實，只要考慮到昆德拉使用的「存在」一詞的海德格來源，許多無謂的爭論即可避免。「存在之輕」就是人生缺乏實質，人生的實質太輕飄，所以使人不能承受。在《小說的藝術》中，昆德拉自己有一個說明：「如果上帝已經走了，人不再是主人，誰是主人呢？地球沒有任何主人，在虛空中前進。這就是存在的不可承受之輕。」可見其含義與「上帝死了」的命題一脈相承，即指人生根本價值的失落。對托馬斯來說，人生實質的空無尤其表現在人生受偶然性支配上，使得一切真正的選擇成為不可能，而他所愛上的特麗莎便是絕對偶然性的化身。另一方面，特麗莎之受靈與肉問題的困擾，又是和托馬斯既愛她又同眾多女人發生性關係這一情形分不開的。兩個主人公各自代表對存在的一個基本困惑，同時又構成誘發對方困惑的一個基本情境。在這樣一種頗為巧妙的結構中，昆德拉把人物的性格和存在的思考同步推向了深入。

我終歸相信，探究存在之謎還是可以用多種方式的，不必是小說；用小說探究存在之謎還是可以有多種寫法的，不必如昆德拉。但是，我同時也相信昆德拉的話：「沒有發現過去始終未知的一部分存在的小說是不道德的。」不但小說，一切精神創作，唯有對人生基本境況做出了新的揭示，才稱得上偉大。

三

昆德拉之所以要重提小說的使命問題，是因為他看到了現代人的深刻的精神危機，這個危機可以用海德格的一句名言來概括，就是「存在的被遺忘」。

存在是如何被遺忘的？昆德拉說：「人處在一個真正的縮減的漩渦中，胡塞爾所講的『生活的世界』在漩渦中宿命般地黯淡，存在墮入遺忘。」

縮減彷彿是一種宿命。我們剛剛告別生活一切領域縮減為政治的時代，一個新的縮減漩渦又更加有力地罩住了我們。在這個漩渦中，愛情縮減為性，友誼縮減為交際和公共關係，讀書和思考縮減為看電視，大自然縮減為豪華賓館裡的室內風景，對土地的依戀縮減為旅遊業，真正的精神冒險縮減為假冒險的遊樂設施。要之，一切精神價值都縮減成了實用價值，永恆的懷念和追求縮減成了當下的官能享受。當我看到孩子們不再玩沙和泥土，而是玩電子遊戲機，不再知道白雪公主，而是津津樂道卡通片裡的機器人的時候，我心中明白一個真正可怕的過程正在地球上悄悄進行。我也懂得了昆德拉說這話的沉痛：「明天當自然從地球上消失的時候，誰會發現呢……末日並不是世界末日的爆炸，也許沒有什麼比末日更為平靜的了。」我知道他絕非危言聳聽，因為和自然一起消失的還有我們的靈魂，我們的整個心靈生活。上帝之死不足以造成末日，真正的世界末日是在人不圖自救、不復尋求生命意義的那一天到來的。

可悲的是，包括小說在內的現代文化也捲入了這個縮減的漩渦，甚至為之推波助瀾。文化縮減成了大眾傳播媒介，人們不復孕育和創造，只求在公眾面前頻繁亮相。小說家不甘心於默默無聞地在存在的某個未知領域裡勘探，而是把眼睛盯著市場，揣摩和迎合大眾心理，用廣告手段提高知名度，熱衷於擠進影星、歌星、體育明星的行列，和他們一起成為電視和小報上的新聞人物。如同昆德拉所說，小說不再是作品，而成了一種動作，一個沒有未來的當下事件。他建議比自己的作品聰明的小說家改行，事實上他們已經改行了——他們如今是電視製片人、文化經紀人、大腕、款爺。

正是面對他稱之為「媚俗」的時代精神，昆德拉舉起了他的唐吉訶德之劍，要用小說來對抗世界性的平庸化潮流，喚回對被遺忘的存在的記憶。

四

然而，當昆德拉譴責媚俗時，他主要還不是指那種製造大眾文化消費品的通俗暢銷作家，而是指諸如阿波里內爾、蘭波、馬雅可夫斯基、未來派、前衛派這樣的響噹噹的現代派。這裡我不想去探討他對某個具體作家或流派的評價是否公正，只想對他抨擊「那些形式上追求現代主義的作品的媚俗精神」表示一種快意的共鳴。當然，藝術形式上的嚴肅的試驗是永遠值得讚賞的，但是，看到一些藝術家懷著唯恐自己不現代的焦慮和力爭最現代超現代的激情，不斷好新騖奇，渴望製造轟動效應，我不由得斷定，支配著他們的仍是大眾傳播媒介的那種譁眾取寵精神。

現代主義原是做為對現代文明的反叛崛起的，它的生命在於真誠，即對虛妄信仰的厭惡和對信仰失落的悲痛。不知何時，現代主義也成了一種時髦，做現代派不再意味著超越於時代之上，而是意味著站在時代前列，領受的不是冷落，而是喝采。於是，現代世界的無信仰狀態不再使人感到悲涼，反倒被標榜為一種新的價值大放其光芒，而現代主義也就蛻變成了掩蓋現代文明之空虛的花俏飾物。

所以，有必要區分兩種現代主義：一種是向現代世界認同的時髦的現代主義，另一種是批判現代世界的「反現代的現代主義」。昆德拉強調後一種現代主義的反激情性質，指出現代最偉大的小說家都是反激情的，並且提出一個公式：小說＝反激情的詩。一般而言，藝術作品中激情外露終歸是不成熟的表現，無論在藝術史上還是對於藝術家個人而言，浪漫主義均屬於一個較為幼稚的階段。尤其在現代，面對無信仰，一個人如何能懷有以信仰為前提的激情？其中包含著的矯情和媚俗是不言而喻的了。一個嚴肅的現代作家則敢於正視上帝死後重新勘探存在的艱難使命，他是現代主義的，因為他懷著價值失落的根本性困惑，他又是反現代的，因為他不肯在根本價值問題上隨波逐流。那麼，由於在價值問題上的認真態度，毋寧說「反現代的現代主義」蘊含著一種受挫的激情。這種激情不外露，默默推動著作家在一個沒有上帝的世界上繼續探索存在的真理。

倘若一個作家清醒地知道世上並無絕對真理，同時他又不能抵禦內心那種形而上的關切，他該如何向本不存在的絕對真理挺進呢？昆德拉用他的作品和文論告訴我們，小說的智慧是非獨斷的智慧，小說對存在的思考是疑問式的、假說式的。我們確實看到，昆德拉在他的小說中是一位調侃能手，他調侃一切神聖和非神聖的事物，調侃歷史、政治、理想、愛情、性、不朽，藉此把一切價值置於問題的領域。然而，在這種貌似玩世不恭下面，卻蘊藏著一種根本性的嚴肅，便是對於人類存在境況的始終一貫的關注。他自己不無理由地把這種寫作風格稱作「輕浮的形式與嚴肅的內容的結合」。說到底，昆德拉是嚴肅的，一切偉大的現代作家是嚴肅的。倘無這種內在的嚴肅，輕浮也可流為媚俗。在當今文壇上，那種藉調侃一切來取悅公眾的表演不是正在走紅嗎？

獸和神大約都不會無聊。獸活命而已，只有純粹的生存。神充實自足，具備完滿的存在。獸、人、神三界，唯有夾在中間的人才會無聊，才可能有活得沒意思的感覺和歎息。

02 從生存向存在的途中

無聊的前提是閒。當人類必須為生存苦鬥的時候，想必也無聊不起來。我們在《詩經》或《荷馬史詩》裡幾乎找不到無聊這種奢侈的情緒。要能閒得無聊，首先必須倉廩實，衣食足，不愁吃穿。吃穿有餘，甚至可以惠及畜生，受人豢養的貓狗之類的寵物也會生出類似無聊的舉態，但牠們已經無權稱作獸。

當然，物質的進步永無止境，倉廩再實，衣食再足，人類未必閒得下來。世上總有閒不住的闊人、忙人和勤人，另當別論。

一般來說，只要人類在求溫飽之餘還有精力，無聊的可能性就存在了。席勒用剩餘精力解釋美感的發生。其實，人類特有的一切好東西壞東西，其發生蓋賴於此，無聊也不例外。有了剩餘精力，不釋放出來是很難受的。「飽食終日，無所用心，難矣哉！」孔子就很明白這難受勁，所以他勸人不妨賭博下棋，也比閒著什麼事不做好。「難矣哉」，林語堂解為「真難為他們」、「真虧他們做得出來」，頗傳神，比別的注家高明。閒著什麼事不做，是極難的，一般人無此功夫。所謂閒是指沒有非做不可的事，遂可以自由支配時間，做自己感興趣的事。閒的可貴就在於此。

興趣有雅俗寬窄之別，但大約人人都有自己感興趣的事。麻將撲克是一種興趣，琴棋詩畫是一種興趣，擁被夜讀是一種興趣，坐在桌前，點一支菸，沉思遐想，也是一種興趣。閒了未必無聊，閒著沒事幹才會無聊。有了自由支配的時間，卻找不到興趣所在，或者做不成感興趣的事，剩餘精力茫茫然無所寄託，這種滋味就叫無聊。

閒是福氣，無聊卻是痛苦。勤勤懇懇一輩子的公務員，除了公務別無興趣，一旦退休閒居，多有不久便棄世的，致命的因素正是無聊。治獄者很懂得無聊的厲害，所以對犯人最嚴重的懲罰不是苦役而是單獨監禁。苦役是精力的過度釋放，單獨監禁則是人為地堵塞釋放精力的一切途徑，除吃睡外不准做任何事。這種強制性的無聊，其痛苦遠在苦役之上。在自由狀態下，多半可以找到法子排遣無聊。排遣的方式因人而異，最能見出一個人的性情。愈淺薄的人，其無聊愈容易排遣，現成的法子有的是。「不有博弈者乎？」如今更好辦，不有電視機乎？面對電視機一坐幾個鐘點，天天坐到頭昏腦脹然後上床去，差不多是現代人最常見的消磨閒暇的方式——或者說，糟蹋閒暇的方式。

時間就是生命。奇怪的是，人人都愛惜生命，不願其速逝，卻害怕時間，唯恐其停滯。我們好歹要做點什麼事來打發時間，一旦無所事事，時間就彷彿在我們面前停住了。我們面對這脫去事件外衣的赤裸裸的時間，發現它原來空無所有，心中隱約對生命的實質也起了恐慌。無聊的可怕也許就在於此，所以要加以排遣。

但是，人生中有些時候，我們會感覺到一種無可排遣的無聊。我們心不在焉，百事無心，覺得做什麼都沒意思。並不是疲倦了，因為我們有精力，只是茫無出路。並不是看透了，因為我們有欲望，只是空無對象。這種心境無端而來，無端而去，曇花一現，卻是一種直接暴露人生根底的深邃的無聊。

人到世上，無非活一場罷了，本無目的可言。因此，在有了超出維持生存以上的精力以後，這剩餘精力投放的對象卻付諸闕如。人必須自己設立超出生存以上的目的。活不成問題了，就要活得有意思，為生命加一個意義。然而，為什麼活著？這是一個危險的問題。若問為什麼吃喝勞作，我們很明白，是為了活。活著又為了什麼呢？這個問題追究下去，沒有誰不糊塗的。

對此大致有兩類可能的答案。一類答案可以歸結為：活著為了吃喝勞作——為了一己的、全家的或者人類的吃喝勞作，為了吃喝得更奢侈，勞作得更有效，如此等等。這類答案雖然是多數人實際所奉行的，做為答案卻不能令人滿意，因為它等於說活著為了活著，不成其為答案。

如果一切為了活著，活著就是一切，豈不和動物沒有了區別？一旦死去，豈不一切都落了空？這是生存本身不能做為意義源泉的兩個重要理由。一事物的意義須從高於它的事物那裡求得，生命也是如此。

另一類答案就試圖為生命指出一個高於生命的意義源泉，它應能克服人的生命的動物性和暫時性，因而必定是一種神性的不朽的東西。不管哲學家們如何稱呼這個東西，無非是神的別名罷了。其實，神只是一個記號，記錄了我們追問終極根據而不可得的迷惘。例如，從巴門尼德到雅斯佩斯，都以「存在」為生命意義之源泉，可是他們除了示意「存在」的某種不可言傳的超越性和完美性之外，還能告訴我們什麼呢？

我們往往樂於相信，生命是有高出生命本身的意義的，例如真善美之類的精神價值。然而，真善美又有什麼意義？可以如此無窮追問下去，但我們無法找到一個終極根據，因為神並不存在。擺脫這個困境的唯一辦法是把一切精神價值的落腳點引回到地面上來，看作人類生存的工具。各派無神論哲學家歸根究底都是這樣做的。但是，這樣一來，我們又陷入了我們試圖逃避的同義反覆：活著為了活著。

也許關鍵在於，這裡做為目的的活，與動物並不相同。人要求有意義地活，意義是人類生存的必要條件。因此，上述命題應當這樣展開：活著為了尋求意義，而尋求意義又是為了覺得自己是在有意義地活著。

即使我們所尋求的一切高於生存的目標，到頭來是虛幻的，尋求本身就使我們感到生存是有意義的，從而能夠充滿信心地活下去。凡真正的藝術家都視創作為生命，不創作就活不下去。超出這一點去問海明威為何要寫作，畢卡索為何要畫畫，他們肯定說不出一個所以然來。人類迄今所創造的燦爛文化如同美麗的雲景，把人類生存的天空烘托得極其壯觀。然而，若要追究雲景背後有什麼，便只能墮入無底的虛空了。

人，永遠走在從生存向存在的途中。他已經辭別獸界，卻無望進入神界。他不甘於純粹的生存，卻達不到完美的存在。他有了超出生存的精力，卻沒有超出生存的目標。他尋求，卻不知道尋求什麼。人是註定要無聊的。

可是，如果人真能夠成為神，就不無聊了嗎？我想像不出，上帝在完成他的創世工作之後，是如何消磨他的星期天的。《聖經》對此閉口不談，這倒不奇怪，因為上帝是完美無缺的，既不能像肉欲猶存的人類那樣用美食酣睡款待自己，又不能像壯心不已的人類那樣不斷進行新的精神探險，他實在沒事可幹了。他的絕對的完美便是他的絕對的空虛。人類的無聊尚可藥治，上帝的無聊寧有息日？不，我不願意成為神。雖然人生有許多缺憾，生而為人仍然是世上最幸運的事。人生最大的缺憾便是終有一死。生命太短暫了，太珍貴了，無論用它來做什麼都有點可惜。總想做最有意義的事，足以使人不虛此生、死而無恨的事，卻沒有一件事堪當此重責。但是，人活著總得做點什麼。於是，我們便做著種種微不足道的事。人生終究還是免不了無聊。

03

存在就是被感知嗎

「存在就是被感知。」這是柏克萊提出的一個很有名的命題。為了弄清這個命題的意思，現在且假定這位哲學家還活著，讓他來和我們進行一場對話。

柏克萊：「此刻你面前有一顆蘋果，你看得見它，摸得著它。這顆蘋果存在嗎？」

答：「存在。」

柏克萊：「你憑什麼說它存在呢？」

答：「因為我明明看見了它，摸到了它。」

柏克萊：「這就是說，它被你感知到了。好，現在你閉上眼睛，把手插進衣服口袋裡，看不見也摸不到這顆蘋果了。我再問你，它現在存在嗎？」

答：「存在。」

柏克萊：「現在你並沒有看見它，摸到它，憑什麼還說它存在呢？」

答：「因為我剛才看見過它，摸到過它，我相信只要我睜開眼睛，伸出手，現在我仍然能看見它，摸到它。」

柏克萊：「這就是說，你之所以相信它仍然存在，是因為它剛才曾經被你感知到，這使你相信，只要你願意，現在它仍然可以被你感知到。現在假定在離你很遠的一個地方有一顆蘋果，你永遠不會看見它，摸到它，它存在嗎？」

答：「存在，因為那個地方的人能看見它，摸到它。」

柏克萊：「如果那是一片沒有人煙的原始森林，那只蘋果是一顆野生蘋果，在它腐爛之前不會有任何人見到它呢？」

答：「但是，我們可以想像如果那裡有人，就一定能見到它。」

柏克萊：「好了，現在我們可以總結一下了。我們說某個東西存在，無非是說它被我們感知到。即使當我們設想存在著某個我們從未感知到的東西時，我們事實上也是在設想它以某種方式被我們感知到。我們無法把存在與被感知分離開來，離開被感知去設想存在。由此可見，存在和被感知是一回事，存在就是被感知。」

談話進行到這裡，缺乏經驗的讀者也許被繞糊塗了，而有經驗的讀者很可能會提出一個反駁：儘管我們無法離開被感知設想存在，但這不能證明存在與被感知是一回事。一個東西首先必須存在著，然後才能被感知。例如，一顆蘋果的存在是因，它的被感知是果，兩者不可混為一談。不過，針對這個反駁，柏克萊會追問你所說的「存在」究竟是什麼意思，當你談論這顆蘋果的「存在」時，你的心靈中豈不出現了這顆蘋果的形狀、顏色、香味等，所謂它的「存在」無非是指它的這些可被感知的性質在你的心靈中的呈現，因而也就是指它的被感知？那麼，它的「存在」和它的被感知豈不是一回事，哪裡有原因和結果的分別？

04

柏克萊的是與非

現在我們觸及「存在就是被感知」這個命題的真正含義了。柏克萊的思路是這樣的：對我來說，一顆蘋果的存在無非是指我看到了它的顏色，聞到了它的香味，摸到了它的形狀、冷暖、軟硬，嘗到了它的甜味，等等，去掉這些性質就不復有蘋果的存在，而顏色、形狀、香味、甜味、軟硬等又無非都是我的感覺，離開我的感覺就不復有這些性質。所以，這只蘋果的存在與它被我感知是一回事，它僅僅是存在於我的心靈中的一些感覺。當然，我可以設想一顆我未曾看到的蘋果的存在，但我也只能把它設想為我的這些感覺。在這些感覺之外斷定還存在著某種不可被感知的蘋果的「實體」，這是徒勞的，也是沒有意義的。這個道理適用於我所面對的一切對象，包括我所看見的其他人。所以，譬如說，我的父親和母親也只是我的心靈中的一些感覺而已，在我的心靈之外並無他們獨立的存在……

說到這裡，你一定會喊起來：太荒謬了，難道你是你的感覺生出來的嗎？是的，連柏克萊自己也覺得太荒謬了。為了避免如此荒謬的結論，他不得不假定，除了「我」的心靈之外，還存在著別的心靈，甚至還存在著上帝的心靈，一切存在物因為被無所不在的上帝的心靈所感知而保證了它們的存在。這種假定顯然是非常勉強的，我們可以不去理會。值得思考的是柏克萊的前提：「我們只能通過感覺感知事物的存在，因此，對我們來說，事物的存在是與它們被我們感知分不開的。」從這個前提能否推出「存在就是被感知」的結論呢？這裡實際上包含兩個問題：第一，事物的存在是否等同於它的可被感知的性質的存在？在這些性質背後有沒有一個不可被感知的「實體」，用更加哲學化的語言說，在現象背後有沒有一個「自在之物」？第二，事物的可被感知的性質是否等同於「我」（主體）的感覺？在「我」的感覺之外有沒有使「我」產生這些感覺的外界現象，用更加哲學化的語言說，在「主體」之外有沒有「客體」，在「意識」之外有沒有客觀存在的「對象」？這是兩個不同的問題。柏克萊主張第一個等同，否認現象背後有「自在之物」，這是今天大多數哲學家都可贊成的；但他進而主張第二個等同，否認現象在「我」之外的存在，這是今天大多數哲學家都不能贊成的。

05

莊周夢蝶的故事

睡著了會做夢，這是一種很平常的現象。正常人都能分清夢和真實，不會把它們混淆起來。如果有誰夢見自己變成了一隻蝴蝶，醒來後繼續把自己當作蝴蝶，張開雙臂整天在花叢草間做飛舞狀，大家一定會認為他瘋了。然而，兩千多年前有一個名叫莊周的中國哲學家，有一回他夢見自己變成了一隻蝴蝶，醒來後提出了一個著名的問題：「究竟是剛才莊周夢見自己變成了蝴蝶呢，還是現在蝴蝶夢見自己變成了莊周？」

好像沒有人因為莊周提出這個問題而把他看成一個瘋子，相反，大家都承認他是一個大哲學家。哲學家和瘋子大約都不同於正常人，但他們是以不同的特點區別於正常人的。瘋子不能弄懂某些最基本的常識，例如不能像正常人那樣分清夢與真實，所以在日常生活中會遇到嚴重的障礙。哲學家完全明白常識的含義，但他們不像一般的正常人那樣滿足於此，而是要對人人都視為當然的常識追根究底，追問它們是否真有道理。

按照常識，不管我夢見了什麼，夢只是夢，夢醒後我就回到了真實的生活中，這個真實的生活絕不是夢。可是，哲學家偏要問：

你怎麼知道前者是夢，後者不是夢呢？你究竟憑什麼來區別夢和真實？

可不要小看了這個問題，回答起來還真不容易呢。你也許會說，你憑感覺就能分清哪是夢，哪是真實。譬如說，夢中的感覺是模糊的，醒後的感覺是清晰的；夢裡的事情往往變幻不定，缺乏邏輯，現實中的事情則比較穩定，條理清楚；人做夢遲早會醒，而醒了卻不能再醒，如此等等。

然而，哲學家會追問你，你的感覺真的那麼可靠嗎？你有時候會做那樣的夢，感覺相當清晰，夢境栩栩如生，以至於不知道是在做夢，還以為夢中的一切是真事。那麼，你怎麼知道你醒著時所經歷的整個生活不會也是這樣性質的一個夢，只不過時間長久得多而已呢？事實上，在大多數夢裡，你的確是並不知道自己在做夢的，要到醒來時才發現原來是一個夢。那麼，你之所以不知道你醒時的生活也是夢，是否僅僅因為你還沒有從這個大夢中醒來呢？夢和醒之間真的有原則的區別嗎？

這麼看來，莊周提出的問題貌似荒唐，其實是非常重要的哲學問題：我們憑感官感知道的這個現象世界究竟是否真的存在著？

莊周對此顯然是懷疑的。在他看來，既然我們在夢中會把不存在的東西感覺為存在的，這就證明我們的感覺很不可靠，那麼，我們在醒時所感覺到的我們自己以及我們周圍世界的存在也很可能是一個錯覺，一種像夢一樣的假象。

06

感覺能否證明對象的存在

在中國和外國，有相當一些哲學家與莊周抱著相似的看法。他們都認為，我們只能通過感官來感知世界的存在，而感官是不可靠的，所以我們所感覺到的世界只是一種假象。至於在假象背後是否存在著一個與假象不同的真實的世界，他們的意見就有分歧了。有的說有，有的說沒有，有的說沒法知道有沒有。

也有許多哲學家反對他們的看法，認為我們的感覺基本上是可靠的，能夠證明我們自己以及周圍世界的真實存在。

就拿莊周夢蝶的例子來說，他們會這樣解釋：莊周之所以會夢見自己變成一隻蝴蝶，正是因為他在醒時看見過蝴蝶，如果他從來沒有看見過蝴蝶，他就不可能做這樣的夢了。

所以，莊周和蝴蝶的真實存在以及這個真實的莊周看見過真實的蝴蝶是一個前提，而這便證明了醒和夢是有原則區別的，醒時的感覺是基本可靠的。當然，這種解釋肯定說服不了莊周，他一定會認為它不是解答了而是迴避了問題，因為在他看來，問題恰恰在於，當你看見蝴蝶時，你怎麼知道你不是在做夢呢？憑什麼說看見蝴蝶是夢見蝴蝶的原因，其間的關係難道不會是較清晰的夢與較模糊的夢的關係嗎？

在日常生活中，人們都懷著一個樸素的信念，相信我們憑感官所感知的事物是真實存在的。沒有這個信念，我們就不能正常地生活，哲學家也不例外。上述解釋實際上是把這個樸素的信念當成了出發點，由之出發，認定醒時看見蝴蝶的經驗是可靠的，然後再用它來解釋夢見蝴蝶的現象。

在哲學史上，這樣一種從樸素信念出發的觀點被稱作「樸素實在論」或「樸素唯物主義」。可是，在莊周這樣的哲學家看來，這種觀點只停留在常識的水準上，不配叫作哲學，因為哲學正是要追問常識和樸素信念的根據。

所以，如果你真的對哲學感興趣，你就必須面對莊周提的問題。你很可能不同意他的觀點，但你必須說出理由。你得說明：我們如何知道我們憑感官所感知的現象是真實存在的，而不是一個幻象？感覺本身能否提供這個證據？如果不能，還有沒有別的證據？只要你認真思考這些問題，不管能否找到最後的答案（很可能找不到），你都已經是在進行一種哲學思考了。

07

思維能否把握世界的本質

不信任感覺，認為在感官所感知的現象世界背後有一個本來的世界，這實際上是以往多數哲學家的立場。區別在於，有的哲學家斷言我們永遠無法認識這個本來世界，有的哲學家卻相信，我們可以依靠理性思維的能力破除感覺的蒙蔽，透過現象看本質，把握這個本來世界的面目。可是，最近一百多年來，這種長期占統治地位的立場發生了根本的動搖。

理性思維真的能夠把握世界的本來面目嗎？為了解答這個問題，我們首先要弄清什麼是理性思維。所謂理性思維，就是我們運用具有普遍性的概念進行判斷、推理的過程。讓我們舉最簡單的加法的例子來說明這個過程。譬如說，桌子上放著一個蘋果，椅子上也放著一個蘋果，問你一共有幾個蘋果，你不需要把這兩個蘋果挪到一起就可以回答說：「兩個。」事實上，當你做出這個回答時，你已經飛快地進行了一個運算：1＋1＝2。這就已經是一種理性思維了。仔細分析起來，這個過程是這樣的：你首先把「一個蘋果」這樣的具體現象變換為抽象的數字概念1，然後運用了一個數學公式（判斷）「1＋1

＝2」，最後又從這個公式推導出「一個蘋果加一個蘋果等於兩個蘋果」的具體結論。

現在的問題是，我們憑感官並不能感知到像1、2這樣的抽象概念和1＋1＝2這樣的抽象命題。那麼，它們是從哪裡來的呢？對於這個問題，有三種可能的回答：

一、我們憑感官可以感知到一個一個的具體東西，也可以感知到它們的集合，抽象的數位概念和算術命題就是從我們的感覺材料中歸納出來的。假定這個答案是對的，那麼，以不可靠的感覺為基礎的理性思維同樣也是不可靠的，並不比感覺更接近那個本來世界。

可是，這第一種回答本身還有著極大的漏洞。我們的感官只能感知個別的具體的現象，從中怎麼能得到抽象概念呢？感官所感知的現象總是有限的，從中又怎麼能得到適用於一切現象的普遍真理呢？譬如說，我們只能看到一個蘋果、一個茶杯、一個人等等，永遠看不到抽象的1，思維憑什麼把它們抽象為1？我們只能看到一個蘋果和一個蘋果的集合等等，思維憑什麼斷定1＋1永遠等於2？由於感性經驗不能令人信服地解釋抽象概念和命題的來源，有些哲學家就另找出路，於是有以下第二、第三種回答。

二、抽象觀念和普遍命題是人類理性所固有的，它們如同大理石的紋理一樣潛藏在人類理性之中，在認識過程中便會顯現出來。像1＋1＝2這樣的真理，人類理性憑直覺就能斷定它們是絕對正確的。正是憑藉這些先天形式，理性才能夠對感覺材料進行加工整理，使之條理化。這個答案僅是一種永遠無法證實的假說，我們姑且假定它是對的，那也只能得出這個結論：思維形式僅僅屬於人類理性所有，與那個本來世界毫不相干。

三、那個本來世界本身具有一種理性的結構，人類理性是與這個結構相對應的。可是，這一點正是需要證明的，而主張這個觀點的哲學家們沒有向我們提供任何有說服力的證據。

總之，無論在上述哪種情況下，凡我們不信任感覺的理由，對於思維也都成立。所以，看來我們只好承認，只要我們進行認識，不論是運用感覺還是運用思維，所把握的都是現象，它們至多只有層次深淺的不同。世界一旦進入我們的認識之中，就必定被我們的感覺所折射，被我們的思維所整理，因而就必定不再是所謂的本來世界，而成為現象世界了。

08

世界有沒有一個本來面目

好吧，讓我們承認，我們人類所能認識的世界只是形形色色的現象世界。那麼，在這個或者這許多個現象世界背後，究竟有沒有一個不是現象世界的本來世界呢？康德說有的，但我們永遠無法認識，所以他稱之為「自在之物」。我們且假定他說得對，讓我們來設想它會是什麼樣子的。

可是怎麼設想呢？根本無法設想！只要我們試圖設想，我們就必須把自己當作一個認識者，把這個所謂本來世界置於和我們的關係之中，從而它就不再是本來世界，而是現象世界了。也許我們可以想像自己是上帝，因而能夠用一種全知全能的方式把它一覽無餘？可是，所謂全知全能無非是有最完善的感官和最完善的思維，從而能夠從一切角度、用一切方法來認識它，而這樣做的結果又無非是得到了無數個現象世界。我們除非把這無數個現象世界的總和叫作本來世界，否則就根本不能設想有什麼本來世界。

事實正是如此：無論人、上帝還是任何可能的生靈，只要想去認識這個世界，就必須有一個角度。你可以變換角度，但沒有任何角度是不可能進行認識的。從不同角度出發，看到的只能是不同的現象世界。除去這一切可能的現象世界，就根本不存在世界了，當然也就不存在所謂本來世界了。

我們面前放著一顆蘋果，一個小男孩見了說：「我要吃。」他看到的是做為食品現象的蘋果。一個植物學家見了說：「這是某種植物的果實。」他看到的是做為植物現象的蘋果。一個生物學家見了說：「這顆蘋果是由細胞組成的。」他看到的是做為生物現象的蘋果。一個物理學家見了說：「不對，它的最基本結構是分子、原子、電子等。」他看到的是做為物理現象的蘋果。一個基督徒見了也許會談論起伊甸園裡的蘋果和亞當夏娃的原罪，他看到的是做為宗教文化現象的蘋果。

還會有不同的人對這只蘋果下不同的判斷，把它看作不同的現象。如果你說所有這些都顆是這顆蘋果的現象，而不是這顆蘋果本身，那麼，請你告訴我，這顆蘋果本身是什麼東西，它在哪裡？

由於在現象世界背後不存在一個本來世界，有的哲學家就認為一切都是假象，都是夢。在這方面，佛教最徹底，認為萬物皆幻象，世界整個就是一個空。可是，我們不妨轉換一下思路。所謂真和假、實和幻，都是相對而言的。如果存在著一個本來世界，那麼，與它相比，現象世界就是假象。現在，既然並不存在這樣一個本來世界，我們豈不可以說，一切現象世界都是真實的，都有存在的權利？一位詩人吟唱道：「平坦的大地，太陽從東方升起，落入西邊的叢林裡。」這時候，你即使是哥白尼，也不能反駁他說：「你說得不對，地球不是平坦的，而是圓的，太陽並沒有升起落下，而是地球在自轉。」

03

你的自我在哪裡

一個孩子摔了一跤，覺得痛，便說：「我痛了。」接著又說：「我不怕痛。」這個覺得痛的「我」和這個不怕痛的「我」是不是同一個「我」呢？

男孩愛上了女孩，可是女孩不愛他。他對自己說：「我太愛她了。」接著說：「可是我知道她不愛我。」然後發誓道：「我一定要讓她愛上我！」在這裡，愛上女孩的「我」、知道女孩不愛自己的「我」，以及發誓要讓女孩愛上自己的「我」又是不是同一個「我」呢？

一位著名的作家歎息說：「我獲得了巨大的名聲，可是我仍然很孤獨。」這個獲得名聲的「我」和這個孤獨的「我」是不是同一個「我」？我在照鏡子，從鏡子裡審視著自己。那個審視著我自己的「我」是誰，那個被我自己審視的「我」又是誰，它們是不是同一個「我」？

你拉開抽屜，發現一張你小時候的照片，便說：「這是小時候的我。」你怎麼知道這是小時候的「我」呢？小時候的「我」和現在的「我」是憑什麼成為同一個「我」的呢？夜深人靜之時，你一人獨處，心中是否浮現過這樣的問題：「我是誰？我從哪裡來？我將到哪裡去？」

古希臘哲學家蘇格拉底把「認識你自己」看作哲學的最高要求。可是，認識「自我」真是一件比認識世界更難的事。上面的例子說明，它至少包括以下三個難題：

第一，我有一個肉體，又有一個靈魂，其間的關係是怎樣的？有人說，靈魂只是肉體的一種功能。如果真是這樣，為什麼靈魂有時候會反叛肉體，譬如說，會為了一種理想而忍受酷刑，甚至犧牲生命？如果不是這樣，靈魂是不同於肉體並且高於肉體的，那麼，它也必有高於肉體的來源，那來源又是什麼？如此不同的兩樣東西是怎麼能夠結合在一起的？既然它不來源於肉體，為什麼還會與肉體一同死亡？或者相反，在肉體死亡之後，靈魂仍能繼續存在？

第二，靈魂究竟是什麼？如果說它是指我的全部心理活動和內心生活，那麼，它就是一個非常複雜的東西。一方面，它包括理性的思維、觀念、知識、信仰等等。另一方面，它包括非理性的情緒、情感、欲望、衝動等等。其中，究竟哪一個方面代表真正的「自我」呢？有的哲學家主張前者，認為理性是人區別於動物的本質特徵，因而不同個人之間的真正區別也在於理性的優劣強弱。有的哲學家主張後者，認為理性只是人的社會性一面，個人的真正獨特性和個人一切行為的真實動機深藏在無意識的非理性衝動之中。他們究竟誰對誰錯，或者都有道理？

第三，我從小到大經歷了許多變化，憑什麼說我仍是那同一個「我」呢？是憑我對往事的記憶嗎？那麼，如果我因為某種疾病暫時或長久喪失了記憶，我還是不是「我」呢？是憑我對我自己仍然活著的一種意識，即所謂「自我意識」嗎？可是，問題恰好在於，我是憑什麼意識到這仍然活著的正是「我」，使我在變化中保持連續性的這個「自我意識」究竟是什麼？現在我把這些難題交給你自己去思考。

Part3

哲學與我們的時代

01

哲學的命運

在今天的時代，哲學似乎遭遇兩種相反的命運。一方面，由於社會需求越來越偏向於實用，哲學系學生面臨著就業的困難，使得做為一個學科的哲學門庭冷落，成了冷門。另一方面，社會各階層尤其是青年人對於哲學讀物的興趣並不因此減弱，有時甚至呈上升的趨勢，哲學類書籍竟然成了出版業的熱點。

如何看待這兩種似乎矛盾的現象呢？依我之見，矛盾僅是表面的，其實兩者共同構成了哲學應有的正常命運。

做為一門學科，哲學本應是只由極少數人研究的學問。由於這門學科的高度非實用性質，也由於從事有關專門研究所必需的特殊的學術興趣和才能，以哲學為專業和職業的學者在社會分工結構中絕對不可能占據高比例。我並沒有把哲學家看作精神貴族的意思，這裡的情況正與其他一些抽象學科類似，例如社會同樣不需要也不可能產生許多數學家或理論物理學家。曾經有一個時期，我們的哲學系人丁興旺，源源不斷向各級機關各類部門輸送幹部，那實在是對哲學的莫大誤會。其結果是，哲學本身喪失了它應有的學術品格，而所培養出的這些幹部卻又不具備足以致用的有關專業知識。因此，收縮哲學系的規模，把培養各類幹部的職能交還給各有關的教育機構，應該說是一個進步，對於哲學學科至少在客觀上也是一種淨化。

但是，哲學不只是一種學術，自從它誕生以來，它還一直承擔著探究人類精神價值和生命意義的使命。這個意義上的哲學就不只是少數學者的事了，而是與一切看重精神生活的人都休戚相關的。在我上面提到的那個時期中，曾經掀起過全民學哲學的熱潮，不過那時候哲學是被等同於一種意識形態的灌輸的，並不真正具備生命反思和精神探索的含義。當今之世，隨著社會的轉型，社會生活日益非政治化、非意識形態化，同時市場化進程導致了人們價值觀念的多元化乃至相當程度的迷亂和衝突。這就使得每個人獨立從事人生思考不僅有了可能，而且有了迫切的必要。我認為，應該在這樣的背景下來分析今日我們民族中廣義的哲學愛好屢興不衰的奇特現象，並對之持積極的評價。

這樣的形勢對於專職的哲學工作者提出了雙重要求。一方面，不管幸運還是不幸，做為少數「入選者」，他們肩負著哲學學科建設的學術使命，有責任拿出合格的學術著作來，否則便是失職，理應改行，從事別的於己於人都更為有益的工作。另一方面，面對社會上廣泛的精神飢渴，至少他們中間的一部分人，有責任提供高品質的哲學通俗讀物，這不但是一種啟蒙工作，而且也是以個人的身分真誠地加入我們時代的精神對話。也就是說，我們時代既需要德國哲學的思辨品格，也需要法國哲學的實踐品格，而兩者都是哲學的題中應有之義。

02

哲學的魅力

哲學是枯燥的嗎？哲學是醜陋的嗎？哲學是令人生厭的東西嗎？——在我們的哲學課堂上，在許多哲學讀物的讀者心中，常常升起這樣的疑問。

當然，終歸有一些真正的哲學愛好者，他們慣於在哲學王國裡信步漫遊，流連忘返。在他們眼前，那一個個似乎抽象的體系如同精巧的宮殿一樣矗立，他們悠然步入其中，與逝去的哲學家的幽靈款洽對話，心領神會，宛如摯友。

且不論空洞乾癟的冒牌哲學，那些概念的木乃伊確實是醜陋的、令人生厭的。真正的哲學至少能給人以思維的樂趣。但是，哲學的魅力僅止於此嗎？詩人在孕育作品時，會有一種內心的戰慄，這戰慄又通過他的作品傳遞到了讀者心中，哲學家能夠嗎？

人們常常談論藝術家的氣質，很少想到做哲學家也需要一種特別的氣質。人處在時間和空間的交叉點上，做為瞬息和有限的存在物，卻嚮往永恆和無限。人類最初的哲學興趣起於尋找變中之不變、相對中之絕對，正是為了給人生一個總體說明，把人的瞬息存在與永恆結合起來。「我們從哪裡來？我們到哪裡去？我們是誰？」高更為他的一幅名作寫下的畫題可說是哲學的永恆主題。追究人生的根底，這是人類本性中固有的形而上學衝動，而當這種衝動在某一個人身上異常強烈時，他便是一個有哲學家氣質的人了。

哲學的本義不是「愛智慧」嗎？那麼，第一，請不要把智慧與知識混同起來，知識關乎事物，智慧卻關乎人生。第二，請不要忘記這個「愛」字，哲學不是智慧本身，而是對智慧的愛。一個好的哲學家並不向人提供人生問題的現成答案，這種答案是沒有的，毋寧說他是一個偉大的提問者，他自己受著某些根本性問題的苦苦折磨，全身心投入其中，不倦地尋找著答案，也啟發我們去思考和探索他的問題。他也許沒有找到答案，也許找到了，但這並不重要，因為他的答案只屬於他自己，而他的問題卻屬於我們大家，屬於時代、民族乃至全人類。誰真正愛智慧，關心生命的意義超過關心生命本身，誰就不能無視或者迴避他提出的問題，至於答案只能靠每個人自己去尋求。

知識可以傳授，智慧無法轉讓，然而，對智慧的愛卻是能夠被相同的愛激發起來的。我們讀一位哲學家的書，也許會對書中聰明的議論會心一笑，但最能震撼我們心靈的卻是作者對人生重大困境的洞察和直言不諱的揭示，以及他尋求解決途徑的痛苦和不折不撓的努力。哲學關乎人生的根本，豈能不動感情呢？哲學探討人生的永恆問題，又怎會沒有永恆的魅力？一個人從哲學中僅僅看到若干範疇和教條，當然會覺得枯燥乏味，而且我們可以補充說，他是枉學了哲學。只有那些帶著淚和笑感受和思考著人生的人，才能真正領略哲學的魅力。

當然，這樣的哲學也必定閃放著個性的光彩。有一種成見，似乎哲學與個性是不相容的，一種哲學把哲學家本人的個性排除得愈徹底，愈是達到高度的抽象和普遍，就愈能被稱為哲學。我們讀文學作品，常常可以由作品想見作家的音容笑貌、愛憎好惡，甚至窺見他隱祕的幸福和創傷。可是，讀哲學著作時，我們面前往往出現一張灰色的概念之網，至於它由哪隻蜘蛛織出，似乎並不重要。真的，有些哲學文章確實使我們永遠斷了與作者結識一番的念頭，即使文章本身不無可取之處，但我們敢斷定，做為一個人，其作者必定乏味透頂。有時候，這可能是誤斷，作者囿於成見，在文章裡把自己的個性隱匿了。個性在哲學裡似乎成了一種可羞的東西。詩人無保留地袒露自己心靈裡的每一陣戰慄、每一朵浪花，哲學家卻隱瞞了促使他思考的動機和思考中的悲歡，只把結論拿給我們，連同事後追加的邏輯證明。誰相信人生問題的答案能靠邏輯推理求得呢？在這裡，真正起作用的是親身的經歷、切身的感受、靈魂深處的暴風驟雨、危機和覺醒、直覺和頓悟。人生最高問題對於一切人相同，但每人探索的機緣和途徑卻千變萬化，必定顯出個性的差別。

「我重視尋求真理的過程甚於重視真理本身。」萊辛的這句名言對哲學家倒是一個啟發。哲學不是一份真理的清單，而恰恰是尋求人生真理的過程本身，這個過程與尋求者的個人經歷和性格密不可分。

我們做為讀者要向哲學家說同樣的話：我們重視你的人生探索過程甚於重視你的結論，做一個誠實的哲學家吧，把這過程中的悲歡曲折都展現出來，藉此我們與你才有心靈的溝通。我們目睹了你的真誠探索，即使我們不贊同你的結論，你的哲學對於我們依然有吸引力。說到底，我們並不在乎你的結論及其證明，因為結論要靠我們自己去求得，至於證明，稍微懂一點三段論的人誰不會呢？

哲學的魅力在於它所尋求的人生智慧的魅力，在於尋求者的個性的魅力，最後，如果一位哲學家有足夠的語言技巧的話，還應該加上風格的魅力。敘述某些極為艱深的思想時文字晦澀也許是難以避免的，我們也瞧不起用美文學的語言掩蓋思想的貧乏，但是，獨特的個性、對人生的獨特感受和思考，是應該閃射獨特風格的光華的。我們倒還不太怕那些使人頭痛的哲學巨著，這至少說明它們引起了我們的緊張思索。

最令人厭煩的是那些千篇一律的所謂哲學文章，老是擺弄著同樣幾塊陳舊的概念積木。風格的前提始終是感受和思想的獨創性。真正的哲學家，即使晦澀如康德、黑格爾，他們的著作中也常有清新質樸的警句躍入我們眼簾，令人銘記不忘。更有些哲學家，如蒙田、帕斯卡、愛默生、尼采，全然拋開體系，以雋永的格言表達他們的哲思。法國哲學家們寓哲理於小說、劇本，德國浪漫派哲人們寓哲理於詩。既然神祕的人生有無數張變幻莫測的面孔，人生的探索者有各不相同的個性，那麼，何妨讓哲學作品也呈現豐富多彩的形式、百花齊放的風格呢？

也許有人會說：你所談的只是人生哲學，還有其他的哲學呢？好吧，我們樂於把一切與人生根本問題無關的哲學打上括弧，對它們做為哲學的資格存而不論。儘管以哲學為暫時棲身之地的學科都已經或終將從哲學分離出去，從而證明哲學終究是對人生的形而上學的沉思，但是，這裡不是詳細討論這個問題的地方。

也許有人會問：要求哲學具有你說的種種魅力，它豈不成了詩？哲學和詩還有什麼區別？從源頭上看，哲學和詩本是一體，都孕育於神話的懷抱。神話是原始人類對於人生意義的一幅形象的圖解。後來，哲學和詩漸漸分離了，但是猶如同卵孿生子一樣，它們在精神氣質上仍然酷似。誠然，有些詩人與哲學無緣，有些哲學家與詩無緣。然而，沒有哲學的眼光和深度，一個詩人只能是吟花詠月、顧影自憐的淺薄文人。沒有詩的激情和靈性，一個哲學家只能是從事邏輯推理的思維機器。大哲學家與大詩人往往心靈相通，他們受同一種痛苦驅逼，尋求著同一個謎的謎底。莊子、柏拉圖、盧梭、尼采的哲學著作放射著經久不散的詩的光輝，在屈原、李白、蘇軾、但丁、莎士比亞、歌德的詩篇裡迴蕩著千古不衰的哲學喟歎。

有時候，我們真是難以斷定一位文化巨人的身分。可是，身分與天才何干，一顆渴望無限的心靈難道還要受狹隘分工的束縛？在西方文化史上，我們可以發現一些極富有詩人氣質的大哲學家，也可以發現一些極富有哲人氣質的大詩人，他們的存在似乎顯示了詩與哲學一體的源遠流長的傳統。在這裡，我們把他們統稱為「詩人哲學家」。這個稱呼與他們用何種形式寫作無關，有些人兼事哲學和文學，有些人僅執一端，但在精神氣質上都是一身而二任的。一位嚴格意義上的「詩人哲學家」應該具備三個條件：第一，把本體詩化或把詩本體化；第二，通過詩的途徑（直覺、體驗、想像、啟示）與本體溝通；第三，作品的個性色彩和詩意風格。當然，對於這些條件，他們相符的程度是很不一致的。

下面開列一個不完全的名單。

古典時期：柏拉圖、普羅提諾、奧古斯丁、但丁、蒙田、帕斯卡、莎士比亞、埃克哈特、盧梭、伏爾泰、歌德、席勒、赫爾德、費希特、謝林、荷爾德林、諾瓦利斯、威廉·施萊格爾、拜倫、雪萊、柯勒律治、海涅、愛默生。

現當代：叔本華、施蒂納、易卜生、齊克果、尼采、杜思妥也夫斯基、托爾斯泰、狄爾泰、齊美爾、柏格森、別爾嘉耶夫、舍斯托夫、海德格、雅斯佩斯、里爾克、蓋奧爾格、瓦雷里、沙特、卡繆、馬塞爾、布羅赫、馬丁·布伯、田立克、馬爾庫塞、弗羅姆、馬里頓、伽達默爾、阿多諾、烏納穆諾、楊凱列維奇。

不待說，這些哲學家的觀點是需要加以批判地研究的。我們無須贊同這些哲學家對人生問題的答案，但是，在哲學關心人生問題、具有個性特點、展現多樣風格等方面，他們或可對我們有所啟發。

哲學與精神生活

一、無用之學

在一般人眼中，哲學是一種玄奧而無用的東西。這個印象大致是不錯的。事實上，哲學的確是一切學科中最沒有實用價值的一門學科。因此，在當今這個最講求實用價值的時代，哲學之受到冷落也就是當然的事情了。

早在哲學發源的古希臘，哲學家就已經因其所治之學的無用而受人嘲笑了。柏拉圖在《泰阿泰德》中講了泰勒斯墜井而被女僕嘲笑的著名故事，那女僕譏笑泰勒斯如此迫切欲知天上情形，乃至不能見足旁之物。柏拉圖接著發揮說：「此等嘲笑可加於所有哲學家。」因為哲學家研究世界的本質，卻不懂世上的實際事務，在法庭或任何公眾場所便顯得笨拙，成為笑柄；哲學家研究人性，卻幾乎不知鄰居者是人是獸，受人詬罵也不能舉對方的私事反唇相譏，因其不知任何人的劣跡。柏拉圖特地說明：他們並不知道自己對實際事物這般無知，而絕不是有意立異以邀譽。

柏拉圖本人的遭遇也好不到哪裡去。這位古代大哲一度想在敘拉古實現其哲學家王的理想，向那裡的暴君灌輸他的哲學，但暴君的一句話給哲學定了性，稱之為「無聊老人對無知青年的談話」。結果他只是倖免於死，被賤賣為奴，落荒逃回雅典。

在我看來，柏拉圖孜孜以求哲學的大用，一心把哲學和政治直接結合起來，恰好暴露了他對實際事物的無知。他本該明白，哲學之沒有實用價值，不但在日常生活中如此，在政治生活中也如此。哲學關心的是世界和人生的根本道理，政治關心的是黨派、階級、民族、國家的利益，兩者屬於不同的層次。我們既不能用哲學思考來取代政治謀畫，也不能用政治方式來解決哲學問題。柏拉圖試圖賦予哲學家以最高權力，藉此為哲學的生長創造一個最佳環境，這只能是烏托邦。康德後來正確地指出：「權力的享有不可避免地會腐蝕理性批判，哲學對於政治的最好期望不是享有權力，而是享有言論自由。」

那麼，哲學與生活毫無關係嗎？哲學對於生活有沒有一點用處呢？我的回答是：哲學本身就是生活，是一種生活方式。

二、哲學是一種生活方式

在古希臘，哲學發源之初是一種生活方式，這乃是不言而喻的事實。從詞源看，「哲學」(Philosophia)一詞的希臘文原意是「愛智慧」。「愛智慧」顯然是一種生活方式、一種人生態度，而非一門學科。

對最早的哲學家來說，哲學不是學術，更不是職業，而就是做人處世的基本方式和狀態。用尼采的話說，包括赫拉克利特、阿那克薩哥拉、恩培多克勒在內的前蘇格拉底哲學家是一些「帝王氣派的精神隱士」，他們過著遠離世俗的隱居生活，不收學生，也不過問政治。蘇格拉底雖然招收學生，但他的傳授方式僅是街談巷議，沒有學校的組織形式，他的學生各有自己的職業，並不是要向他學習一門藉以謀職的專業知識，師生間探究哲理本身就是目的所在，就構成了一種生活。柏拉圖和亞里斯多德開始建立學校，但不收費，教學方式也仍是散步和談話。唯一的例外是那些被稱作「智者」（Sophist，又譯「智術之師」）的人，他們四處遊走，靠教授智術亦即辯論術為生，收取學費，卻也因此遭到了蘇格拉底們的鄙視。正是為了同他們相區別，有潔癖的哲學家寧願自稱為「愛智者」而非「智者」。

肯定不是任何人都能夠把哲學當作自己的生活方式的。為了配得上過哲學的生活，一個人必須——如柏拉圖所說——「具備真正的哲學靈魂」。具備此種靈魂的徵兆，或者說哲學生活的特點，就在於關注思想本身而非其實用性，能夠從思想本身獲取最大的快樂。關於這一點，也許沒有比亞里斯多德說得更清楚的了。他在他的好幾種著作（《形而上學》卷一，《政治學》卷七，《倫理學》卷六、卷十）中都談到：明智是善於從整體上權衡利弊，智慧則涉及對本性上最高的事物的認識，兩者的區別就在於有無實用性；非實用性是哲學優於其他一切學術之所在，使哲學成為「唯一的自由學術」、「為學術自身而成立的唯一學術」。幸福生活的實質在於自足，與別種活動例如社會性的活動相比，哲學的思辨活動是最為自足的活動，因而是完美的幸福。

如此說來，哲學生活首先是一種沉思的生活，而所思問題的非實用性恰好保證了這種生活的自得其樂。

三、精神生活的維度

人在世上生活，必須維持肉體的生存，也必須與他人交往，於是有肉身生活和社會生活。肉身生活和社會生活所滿足的是人的外在的功利性需要。在此之外，人還有內在的精神性需要，其實質是對生命意義的尋求。這種需要未得到滿足，人就會覺得自己是一個盲目的存在，並因此而感到不安。精神生活也是人的生活不可缺少的維度。

肉身生活和社會生活都具有經驗性質，僅涉及我們與周圍直接環境的聯繫。精神生活則把我們超拔於經驗世界的有限性和暫時性，此時我們力求在一己的生命與某種永恆存在的精神性的世界整體之間建立一種聯繫。由於這種世界整體超越於經驗，我們無法證明它，但我們必須有這一假定。真正的精神生活必具有超驗性質，它總是指向一個超驗領域。凡靈魂之思，必有這樣一種指向為其底蘊。所謂尋求生命的意義，亦即尋求建立這種聯繫。一個人如果相信自己已經建立了這種聯繫，便是擁有了一種信仰。因此，尋求意義即尋求信仰。

人類精神活動的一切領域，包括宗教、哲學、道德、藝術、科學，只要它們確實是一種精神性的活動，就都是以建立上述聯繫為其公開的或隱蔽的鵠的的，區別只在於方式的不同。其中，道德若僅僅服務於社會秩序，便只具有社會活動的品格；若是以追求至善為目的，則可視作較弱的宗教。科學若僅僅服務於技術進程，便只具有物質活動的品格；若是以認識世界為目的，則可視為較弱的哲學。於是，我們可以把精神活動歸結為三種基本的方式。一是宗教，依靠單純的信仰亦即天啟的權威來建立與世界整體的聯繫。一是哲學，試圖通過理性的思考來建立這種聯繫。一是藝術，試圖通過某種主觀的情緒體驗來建立這種聯繫。它們殊途而同歸，體現了同一種永恆的追求。

四、在宗教和科學之間

哲學生活是一種沉思的生活，但沉思未必都是哲學性的。一個人可以沉思數學或物理學的問題而也不問其實用價值。沉思之成為哲學性的，取決於所思問題的性質和求解的方法。

柏拉圖和亞里斯多德都曾指出，哲學開始於驚疑，即驚奇和疑惑之感。我們或許可以相對地說，面對自然易生驚奇之感，由此而求認知，追問世界的本質，形成哲學研究中的世界觀、本體論、形而上學（在這裡是同義詞）這一個大領域。面對人生易生疑惑之感，由此而求覺悟，追問生命的意義，形成哲學研究中的人生觀、生存論、倫理學（在這裡也是同義詞）這另一個大領域。康德說：「世上最使人敬畏的兩樣東西是頭上的星空和心中的道德律。」哲學所思的問題無非這兩大類，分別指向我們頭上的神祕和我們心中的神祕。

哲學的追問的確是指向神祕的，無論對世界，還是對人生，哲學都欲追根究底，從整體上把握其底蘊。這就是所謂終極關切。在這一點上，哲學與宗教相似。然而，哲學卻不肯像宗教那樣訴諸天啟權威，對終極問題給出一個獨斷的答案，滿足於不容置疑的信仰。在這一點上，哲學又和科學一樣，只信任理性，要求對問題做出理由充足的解答。也就是說，哲學的追問是宗教性的，它尋求解決的方法卻是科學性的。靈魂在提問，而讓頭腦來解答。瘋子問，呆子答。這是哲學本身所包含的矛盾和困難。

關於這種困難，康德最早做了明確的揭示，他指出：由頭腦（他所說的知性）來解答靈魂（他所說的理性）所追問的問題，必定會陷入二律背反。他因此而斷定，只能把此類問題的解答權交給信仰。不過，在羅素看來，哲學面向宗教，敢思科學之不思，又立足科學，敢疑宗教之不疑，正是這一結合了兩種對立因素的品格使之成為比科學和宗教更加偉大的東西。我們確實可以說，哲學的努力是悲壯的。

五、哲學不可能成為科學

哲學開始於對世界本質的追問。在誕生之初，它就試圖尋找變化背後之不變、多背後之一、現象背後之本質。這一追問默認了一個前提，即感覺不可靠，只能感知現象，唯有理性才能認識現象界背後那個統一的、不變的本體界。這個思路存在著若干疑點：

第一，感覺是我們感知外界的唯一手段，既然感覺只感知到現象，我們憑什麼說在現象背後還存在著一種本質？至少憑感覺不能證明這一點。

第二，假定變動不居的現象背後有一不變的本質，這只能是理性之所為，是理性追求秩序的產物。但是，理性同樣不能證明它所追求的秩序是世界本身所固有的。那麼，這種秩序從何而來？有兩種可能的回答。一是從感覺經驗中歸納而得，因而並不真正具有必然性和普遍性。二是理性本身所固有的，是意識的先天結構。在這兩種情形下，秩序都仍然屬於現象範圍，而與世界本來面目無關。

那麼，第三，世界究竟有沒有一個本來面目？在現象界背後，究竟有沒有一個不受我們的認識干擾的本體界？在康德之後，哲學家們已經越來越達成共識：不存在。世界只有一種存在方式，即做為顯現在意識中的東西——現象。我們也許可以設想上帝能夠直觀到世界的本體，但是，胡塞爾正確地指出，任何對象一旦進入認識就只能是現象，這一點對於上帝也不例外。

哲學從追問世界的本體始，經過兩千多年的探索，結果卻是發現世界根本就沒有一個本體，這不能不說是哲學的慘敗。但是，這只是哲學的某一種思路的失敗，它說明哲學不可能成為科學，我們不可能靠理性手段去把握或構造哲學原本想要追問的那個本體，而必須另闢蹊徑。

六、沉默和詩的領域

倘若一個古希臘哲學家來到現代，他一定會大惑不解，因為他將看到，現代的哲學家們都在大談語言問題，而對世界本身毫無興趣。據說哲學家們終於發現，兩千多年來哲學之所以誤入歧途，原因全在受了語言的誤導。於是，他們紛紛把注意力轉向語言，這種轉向還被譽為哲學上的又一次哥白尼式革命。其間又有重大的區別。一派哲學家認為，弊在邏輯化的語言，是語言的邏輯結構誘使人們去尋找一種不變的世界本質。因此，哲學的任務是解構語言，把語言從邏輯的支配下解放出來。

另一派哲學家則認為，弊於語言在邏輯上的不嚴密，是語言中那些不合邏輯的成分誘使人們對一個所謂的本體世界想入非非，造成了形而上學假命題。因此，哲學的任務是進行語言診斷，剔除其不合邏輯的成分，最好是能建立一種嚴密的邏輯語言。不管這兩派的觀點如何對立，拒斥本體論的立場卻是一致的。

可是，沒有了那種追問世界之究竟的衝動，哲學還是哲學嗎？因為理性不能把握神祕，我們就不再思考神祕了嗎？難道哲學從此要對頭上的星空和心中的道德律無動於衷，僅僅滿足於做邏輯的破壞者或衛士？

有兩位哲學家分別代表上述兩個對立的派別，然而，與其大多數追隨者不同，他們心中仍然蘊藏著那種追思神祕的衝動。他們不愧是現代最偉大的兩位哲學家。

做為邏輯經驗主義的開創人之一，維根斯坦也主張只有經驗對象是可思考的，哲學只研究可思考的東西，其任務是通過語言批判使思想在邏輯上明晰。但是，他懂得的確存在著超驗的領域，例如那種「從永恆觀點來直觀世界」的本體論式的體驗，只是因為它們不屬於經驗範圍，因而是不可思考的，而不可思考的東西也就是不可說的。「一個人對於不能談的事情就應當沉默。」這是神祕的東西，甚至是最深刻的東西，卻無法做為問題來討論。針對此他寫道：「真正說來哲學的方法如此：除了能說的東西以外，不說什麼事情，也就是除了自然科學的命題，即與哲學沒有關係的東西之外，不說什麼事情……」真正的哲學性體驗只能封閉在沉默的內心世界，做為一門學術的哲學只能談論與真正哲學性體驗無關的東西，這是多麼無奈。

海德格卻試圖衝破這無奈的沉默。在他看來，他名之為「存在」的那個超驗的領域，乃是做為意義之源泉的神祕領域，的確不是理性思維所能達到的。但是，他相信這個領域「總是處在來到語言的途中」，是可以在語言中向人顯現的。不過，這不是淪為傳達工具的邏輯化語言，而是未被邏輯敗壞的詩的語言。在詩的語言中，存在自己向人說話。於是，海德格聚精會神於他所鍾愛的荷爾德林、里爾克等詩人，從他們的詩中傾聽存在的話語。

當然，沉默和詩都不是哲學。可是，我們應該相信，在維根斯坦的沉默中，在海德格的詩思中，古老的哲學追問在百折不撓地尋找棲身之地。

七、哲學與現代人的精神生活

廣義的宗教精神和廣義的哲學精神是相通的，兩者皆是超驗的追思。在狹義上，它們便有了區分，宗教在一個確定的信仰中找到了歸宿，哲學卻始終走在尋找信仰的途中。一個渴慕大全的朝聖者，如果他疲憊了，不再能夠依靠自己的力量走下去了，他就會皈依某種現成的宗教。如果他仍然精力充沛，或者雖然疲憊了，卻不甘心停下，他就會繼續跋涉在哲學的路上。

現代的顯著特點是宗教信仰的普遍失落。針對這一情況，雅斯佩斯指出，對已經不相信宗教但仍然需要信仰的現代人來說，哲學是唯一的避難所，其意義在於鼓勵人們尋找非宗教的信仰。我本人也傾向於認為，哲學一方面尋求信仰，另一方面又具有探索性質，它的這個特點也許能夠使之成為處於困惑中的現代人的最合適的精神生活方式。哲學至少有以下好處：

第一，哲學使我們在沒有確定信仰的情況下仍能過一種有信仰的生活。哲學完全不能保證我們找到一個確定的信仰，它以往的歷史甚至業已昭示，它的矛盾的本性決定了它不可能提供這種信仰。然而，它的弱點同時也是它的長處，尋找信仰而又不在某一個確定的信仰上停下來，正是哲學優於宗教之所在。哲學使我們保持對某種最高精神價值的嚮往，我們不能確知這種價值是什麼，我們甚至不能證實它是否確實存在，可是，由於我們為自己保留了這種可能性，我們的整個生存便會呈現不同的面貌。

第二，哲學使我們在信仰問題上持一種寬容的態度。價值多元是現代的一個事實，想用某一種學說（例如儒學）統一人們的思想，重建大一統的信仰，是行不通的，也是不應該的。哲學反對任何人以現代救世主自居，而只是鼓勵每一個人自救，自己尋求自己的信仰。

第三，哲學的沉思給了我們一種開闊的眼光，使我們不致沉淪於勞作和消費的現代漩渦，仍然保持住心靈生活的水準。

04

哲學與文學批評

一

關於哲學與批評的關係，我們可以聽到兩種相反的意見。一種意見認為，批評應該完全立足於藝術，排除一切哲學觀點的干擾。另一種意見認為，任何批評必定受某一種或某一些哲學觀點的支配，在本質上是應用哲學。

我認為，批評之與哲學發生關係是一個不言而喻的事實。凡學院派批評家往往建立或者運用一定的批評理論，由這些批評理論固然可以追溯到相應的哲學理論。即使是那些非學院派的所謂業餘批評家，在他們的印象式批評中也不難發現一種哲學態度。因此，真正的問題不是哲學在批評中的存在是否合法，而是以怎樣的方式存在才合法。也就是說，我們所要尋求的是哲學與批評的正確關係。

二

當今批評界的時髦作法是，在批評文章中食洋不化地販運現代西方某些哲學性批評理論，堆砌各種哲學的、準哲學的概念。這類文章的共同特點是對所要批評的作品本身不感興趣，讀了以後，我們絲毫不能增進對作品的瞭解，也無法知道作者對作品的真實看法和評價是什麼。在多數情況下，它們只是把作品當作一個實例，用來對某一種哲學理論做多半是十分生硬的轉述和注解。在我看來，這樣的批評既不是哲學的，更不是藝術的，甚至根本就不是批評，不過是冒充成批評的偽哲學和冒充成哲學的偽批評罷了。

這種情形的發生恐怕並非偶然。透過現代西方文學批評理論的繁榮景象，我們看到的也是文學批評的闕如。在文學批評的名義下，真正盛行的一方面是文化批評、社會批評、政治批評、性別批評等等，另一方面是語言學、符號學、人類學、神話學、知識社會學的研究等等。凡是不把作品當作目的，而僅僅當作一種理論工具的批評，其做為文學批評的資格均是可疑的。

三

批評總是對某一具體作品的批評。因此，一切合格的批評的前提是：第一，批評者對該作品本身真正感興趣，從而產生了闡釋和評價它的願望。他的批評衝動是由作品本身激發的，而不是出自應用某種理論的迫切心情。也就是說，他應該首先是個讀者，知道自己究竟喜歡什麼。第二，批評者具有相當的鑑賞力和判斷力，他不是一個普通讀者，而是巴赫金所說的那種「高級接受者」，即一個藝術上的內行。做為一個專家，他不妨用理論的術語來表述自己的見解，但是，在此表述之前，他對作品已經有了一種直覺的把握，知道是作品中的什麼東西值得自己一評。

一個批評者對作品有無真正的興趣，他是否具有鑑賞力和判斷力，這兩者都必然體現在他的批評之中，因此是容易鑑別的。人們可以假裝自己懂某種高深的理論，卻很難在這兩方面做假。

四

現代哲學對於批評的作用，最明顯地表現於推動各種批評理論之建立。批評若要不停留於批評家們的個別行為，而試圖成為一門在同行之間可以交流的普遍性學科，就有必要對批評的概念、原則、任務、標準、規範、方法等問題進行探討，這種探討構成了批評理論的基本內容。很顯然，對於這些問題的解答皆取決於對文學之本質的認識，因而可以追溯到某種美學和哲學的立場。凡是系統的亦即真正具備理論形態的批評理論，無不是自覺地以一種哲學理論為其出發點，是那種哲學理論向批評領域的伸展。二十世紀最流行的批評理論，包括馬克思主義、存在主義、精神分析、形式主義、結構主義、現象學和解釋學各家，皆自報家門，旗幟鮮明地亮出了它們的哲學譜系。

然而，哲學之能夠指導批評理論的建立，並不表明它能夠指導成功的批評實踐。批評是批評家的整體素質作用的產物，在具體的批評實踐中，理論教條所起的作用十分有限。每一次真正有價值的批評都是一個獨立的事件，是批評家與作品之間的一種獨特的感應和一次幸運的相遇，而絕非某個理論的派生物。對於一個素質良好的批評家，合適的理論或許可以成為有效的表述工具。

可是，倘若一個批評家缺乏此種素質，對於作品並無自己的感覺和見解，僅靠某種批評理論來從事批評，那麼，他實際上對作品本身無話可說，他的批評就必定不是在說作品，而是在藉作品說這種理論。事實上，研究批評理論的學者很少是好的批評家，就像研究文學理論的學者很少是好的作家一樣，這種情形肯定不是偶然的。

五

批評的任務是闡釋作品的意義和判斷作品的價值。有一些批評理論主張批評應該排除評價，僅限於闡釋。然而，一個批評家選擇作品中的什麼成分做為自己所要闡釋的意義之所在，其實已經包含了一種價值立場，他事實上按照作品滿足他對意義的理解的程度對作品進行了評價。對意義的理解是一個真正的哲學問題，它基本上決定了一個批評家對作品的闡釋的角度和評價的標準。

文學作品中的什麼成分構成了意義，對這個問題的回答取決於對文學的本質的認識，在相當程度上還取決於對世界和人性的認識。每一部作品皆涉及作者、所言說的事物、讀者三個方面。意圖說和傳情說曾經十分盛行，前者把作者的意圖當作意義的源泉，後者把讀者所獲得的教誨、感動、娛樂視為意義的真正體現，這兩種立場皆因明顯地脫離文本自身的闡釋而已顯得陳舊。但是，同樣是從作品本身的內容中尋找意義，站在不同的哲學立場上，也會認為作品是在言說不同的事物。例如，佛洛依德主義者會認為是作者個人或人類的深層心理，存在主義者會認為是對人的生存境遇的體驗和思考。這些立場所關注的方向雖然各異，但仍然是試圖用文學之外的東西來闡釋文學作品的意義，因而在當代也受到了特別激烈的批判。倘若僅僅根據這些立場從事闡釋，這樣的闡釋是否還是文學批評的確就成了問題，毋寧說更是社會學、心理學、哲學等等的批評。

然而，作品的內容無非就是作品所言說的事物之總和，撇開了所有這些社會的、心理的、思想的內容等等，作品所剩下的便只有語言形式了。這樣一來，對意義的闡釋只有兩條路可走。一是分析作品中的語詞和句子的邏輯意義，如英美語義分析學派之所為，其不屬於文學批評的性質當是更加不言而喻的。另一是分析作品的形式結構，目的不是闡釋某一具體作品的意義，而是以這一具體作品為標本來建立語言符號如何由其組合方式而產生意義的一般模型，如結構主義學派之所為。這種批評是否屬於文學批評也是值得懷疑的，毋寧說它更是一種對文學作品的語言學的和符號學的研究。

一種更徹底的立場是否認文學作品中意義的存在，斷然拒絕釋義。一步步排斥所指，最後能指就必然會成為不問意義的符號遊戲，因此結構主義之發展為解構主義幾乎是不可避免的。解構主義批評聲稱要排除與文本無關的一切因素，然而，事實上，它在文本上進行的隨心所欲的嬉戲並不比印象主義的主觀批評離文本更近。還有一些批評理論也傾向於拒絕釋義，而主張把批評的任務限制於研究作品的藝術技巧。這種研究在技術上的細緻入微足以使人驚歎，但因撇開作品的精神內涵而不免流於瑣碎。

六

批評涉及某些重要的哲學難題，有必要檢視一下現代哲學及其指導下的批評理論所提出的解決這些難題的方案。

例如，文本有無它本來的意義，如果有，如何劃清該「客觀」的意義與批評者的「主觀」的理解之間的界限？這一主觀與客觀的關係問題始終糾纏著批評理論。現代許多批評理論（如俄國形式主義，結構主義，美國新批評派，現象學批評）都試圖建立起一套分析的技術或標準，以求排除批評者的「主觀」之干擾，使「客觀」意義的獲取成為可操作和可檢驗的科學程式。但是，這樣做的代價必定是縮減意義的範圍，事實上是把它限制在那些可以形式化的東西上了。我認為，到目前為止，哲學解釋學為此問題的解決指出了最可取的方向。哲學解釋學對理解的本體論結構的揭示表明，理解必定是理解者視域與文本視域的融合。因此，批評不必再糾纏於主觀與客觀之區分，反而應以兩者視域的最大限度的融合為目標，使批評成為一種富有成果的對話。

批評者所要闡釋的意義是在作品的內容之中，還是在形式之中？這一內容與形式的關係問題是糾纏著批評理論的另一個難題。如果撇開藝術形式而只看思想內容，批評就不再是文學性質的了。如果撇開思想內容而只看藝術形式，批評就不再是意義的闡釋而只成了技巧的分析。在這個問題上，結構主義的方略是破除內容與形式的二分法，將兩者融入結構的概念。它不再問作品的一個成分是內容還是形式，只問是否為審美的目的服務，所有為審美目的服務的成分都依照不同的層次組織成一個完整的符號體系。

我認為，結構主義把一切內容都形式化了的作法未必可取，但破除內容與形式的二分法無疑是解決這一難題的正確方向。在文學作品中，唯有被藝術地言說的事物才真正構成內容，而事物之被藝術地言說即所謂形式，兩者所指的原是同一件事，本來就不可截然分開。

七

哲學與文學都是人類精神生活的形式，在本質上是相通的。因此，哲學之進入文學作品的權利是不容置疑的，問題僅在進入的方式。有不同的進入方式，例如：一、在文學作品中插入哲學的議論，這些議論與作品的文學性內容（情節等等）只在主題上相關，在形式上卻彼此脫節，如同一種拼貼；二、用文學的形式表達哲學性的思考和體悟，此種意圖十分明確，因而譬如說可以用哲理詩、玄學詩、哲學小說、思想小說等來命名相關的作品；三、自覺地應用某種新潮的哲學思想來創作文學作品，從事文體的實驗，譬如羅伯．格里耶的新小說之於結構主義哲學；四、作品本身完全是文學性的，哲學並不在其中的任何部分出場，但作品的整體有一種哲學的底蘊，傳達了對世界和人生的一種基本理解或態度。

一般來說，哲學應該以文學的方式存在於文學作品之中，它在作品中最好隱而不露，無跡可尋，卻又似乎無處不在。作品的血肉之軀整個是文學的，而哲學是它的心靈。哲學所提供的只是一種深度，而不是一種觀點。卡夫卡的作品肯定是有哲學的深度的，但我們在其中找不到哪怕一個明確的哲學觀點。哲學與文學的最差的結合是，給文學作品貼上哲學的標籤，或者給哲學學說戴上文學的面具。不能排除還存在著像《查拉圖斯特拉如是說》這樣的作品，幾乎無法給它歸類，從外到裡都是哲學也都是文學，既是哲學著作又是文學精品。所以，說到底，哲學與文學的區分也不是那麼重要，一切偉大的作品必定是一個精神性的整體。

八

據此我們可以來探討哲學與批評相結合的方式了。依據某種哲學觀點從事批評，熱衷於在作品中尋找這種觀點的相似物，或者尋找合適的作品來闡釋這種觀點，這肯定是最糟糕的結合方式。在最好的情形下，這種批評也只能算作哲學批評而非文學批評。一個批評家或許也信奉某種哲學觀點，但是，當他從事文學批評時，他絕不能僅僅代表這種觀點出場，而應力求把它懸置起來，盡可能限制它的作用。他真正應該調動的是兩樣東西，一是他的藝術鑑賞力和判斷力，一是他的精神世界的經驗整體。文學首先是語言藝術，因此，不言而喻，從事文學批評的人必須能夠欣賞語言藝術。判斷力的來源，除了藝術直覺之外，還有藝術修養，即對於人類共同藝術遺產的真正瞭解，因此有能力判斷當下這部作品與全部傳統的關係，善於發現那種改變了既有經典所構成的秩序從而自身也成為經典的作品。但文學不僅僅是語言藝術，在最深的層次上也是人類精神生活的形式。

正是在這一層次上，文學與哲學有了最深刻的聯繫。也是在這一層次上，哲學以最自然的方式參與了批評。當批評家以他的內在經驗的整體面對作品時，哲學已經隱含在其中，這個哲學不是他所信奉的某一種哲學觀念，而是他的精神整體的基本傾向、他的真實的世界觀和生活態度。批評便是他的精神整體與作品所顯示的作者的精神整體之間的對話，這一對話是在人類精神史整體的範圍裡展開的，並且成了人類精神史整體的一個有機部分。

九

本文對於文學批評所做的思考，在基本原則上也適用於一般的藝術批評。

哲學與隨感錄

我喜歡讀哲學家寫的隨感錄。回想起來，我喜歡上哲學，和隨感錄不無關係。小時候好奇心強，大部頭的哲學書也拿來翻讀，但讀不懂，只覺得哲學高深莫測，玄妙晦澀。後來有一回，翻開一本北京大學哲學系等編譯的《古希臘羅馬哲學》，卻一下子被裡面載錄的古希臘哲人的「著作殘篇」吸引住了。我尤其喜歡赫拉克利特，「博學並不能使人智慧」、「我尋找過我自己」、「最美麗的猴子與人類比起來也是醜陋的」，儘管剛讀到這些格言時也似懂非懂，但朦朧地覺得它們意味不凡，彷彿一下子悟到哲學是什麼了。我按照自己的理解把這些格言穿在一起，相信哲學就是教人智慧，智慧就在於尋找自己，心中暗自把那些博學而從不尋找自己的人譏為「美麗的猴子」。這種早年的讀書印象竟然影響了我一輩子，從此鑄成了我對哲學的基本看法。

其實，所謂「著作殘篇」的說法是很值得商榷的，仍是用後人著書立說的眼光去看古人的述而不作。朱光潛先生探溯隨感錄體裁的淵源，中國的溯到《論語》，西方的溯到希臘哲學家，我以為很有道理。我相信哲學與隨感錄早已結下不解之緣，最早的哲學思考都是直覺和頓悟式的，由之形成的作品必是格言和語錄體的。因為言簡意賅，弟子們樂於也易於傳誦，終於流傳下來，刊印成文。它們就是本文，而不是「殘篇」。

西方哲學朝體系巨構的方向發展，蘇格拉底已開其端。蘇格拉底本人擅長格言雋語，且述而不作，不過他重視邏輯的論證和辯駁，為體系哲學埋下了伏線。到他的再傳弟子亞里斯多德，終於建造起西方哲學史上第一個龐大體系，成為「古代世界的黑格爾」。

我無意小看古代和現代的黑格爾們的哲學成就，但是，就哲學關乎人生智慧而言，我始終偏愛用隨感錄形式寫作的哲學家，例如法國的蒙田、帕斯卡、拉羅什福科，英國的培根，德國的叔本華、尼采。人生問題上的一切真知灼見均直接發自作者的真情實感，又訴諸讀者的真情實感，本身就具有打動人心的力量，無須種種繁複的分析、推論、解說和引證來助威。如果我喜歡一個思想，多半是因為這個思想在我的切身體驗中得到了印證，而不是因為它的這些邏輯附著物。事實上，即使創體系的哲學家，他自己真正心愛的獨創的思想也往往如靈感閃現，具有隨感性質，可是為了供奉他心愛的神靈，他不惜工本建造了體系的巍峨宮殿，也就是加上了一大堆邏輯和歷史的證明，結果真不知是突出了還是掩蓋了那一點真正獨創的東西。

隨感錄的可貴在於真實，如其本然地寫出自己的人生感受。在這一點上，我覺得蒙田要勝過培根。培根的隨感集在他生前就已風靡一時，多次再版重印，他自己也對之懷著一種個人的偏愛，初版後二十多年間時時帶在身邊，不斷增刪修改，精雕細刻，真是字字珠璣、句句格言，聰明美妙的議論俯拾皆是。然而，比起蒙田的無心於問世、只是為自己而寫的隨感錄，讀起來欽佩之心有餘，卻不那麼真切感人。當然，求真實並非不講究語言的技巧，愈是自己喜愛的思想，必定愈捨得花費心血尋找合適的形式，力求表達得凝練、單純、達意、傳神，所以好的隨感錄都具有質樸的美。寫隨感錄不易，如今有些人愛寫華而不實的人生格言，那樣的東西只能哄幼稚的讀者，卻證明作者自己對人生毫無真實的感受。　每當我捧讀一部哲學巨著，即使它極有價值，我也會覺得自己是在做功課、搞學問。讀好的隨感錄，卻好像在和作者談心。隨著學術和出版的進步，新的學術譯著正如潮水般湧來，面對它們我有時不免惶然，頗有應接不暇、淺嘗輒止之感。學問真是做不完，即使是哲學界的朋友，聚在一起擺學術的譜，彼此搞不同的課題，也有隔行之感。但是聊起世態人情來，朋友間時有妙語博人一笑又發人深省，便打破了學術的樊籬，溝通了心靈。於是我想，只要人生智慧相通，學海無邊又何足悲歎？讀隨感錄時，我獲得的正是類似的慰藉。

我愛讀隨感錄，也愛寫隨感錄。有兩樣東西，我寫時是絕沒有考慮發表的，即使永無發表的可能也是一定要寫的，這就是詩和隨感。前者是我的感情日記，後者是我的思想日記。

如果我去流浪，只許帶走最少的東西，我就帶這兩樣。因為它們是我最真實的東西，有它們，我的生命線索就不致中斷。中國也許會出創體系的大哲學家，但我確信我非其人。平生無大志，只求活得真實，並隨時記下自己真實的感受，藉此留下生命的足跡，這就是我在哲學上的全部野心了。

06

哲學世界裡的閒人

在哲學世界裡，我是個閒人遊客。我愛到野外眺望日落，愛在幽靜的林間小路散步，也愛逛大街小巷看眾生相。唯獨見了掛著「閒人莫入」、「遊客止步」招牌的嚴肅去處，我就知趣地規避。我知道那是辦公重地，而我是沒有什麼公要辦的，竊以為那裡面的空氣對於我的健康和我的哲學也均為不利。

很早的時候，哲學世界裡是沒有這些個辦公重地的。古代哲人們的活動場所就在藍天之下：赫拉克利特在破廟旁，蘇格拉底在街頭，亞里斯多德在森林中，伊比鳩魯在花園裡。最奇的是第歐根尼，他的「辦公室」是一隻木桶。亞歷山大皇帝恭問可以為他效什麼勞，他答只有一件事，就是：「請你走開，不要遮住我的陽光。」那是哲學家的黃金時代，哲學家個個窮得像乞丐，傲得賽帝王。他們實際上是富有的，擁有千金難買的悠閒和智慧。

不知從何時起，哲學家們也煞有介事地忙碌起來了。他們忙於編寫講義，構築體系，讀釋經典，考訂檔案。在他們手裡，以尋求人生智慧為唯一使命的哲學逐漸演變為內容龐雜、分科瑣細的學術。到了今天，哲學簡直成了一幢迷宮式的辦公大樓，裡面有數不清的房間和名目繁多的科室，門上貼著形形色色的術語標籤。可惜的是，你在這些房間裡只能見到許多伏案辦公的職員，卻見不到一個真正的哲學家。

我對哲學懷有一種也許過時的信念。我始終認為，哲學不是公共事業，而是屬於私人靈魂的事情。當一個人的靈魂對於人生產生某些根本性的疑問時，他就會求諸哲學。真正的哲學問題是古老而常新的。隨著文明的進化，學術會愈來愈複雜，但哲學永遠是單純的。我們之所以步入哲學，正因為它是一塊清靜的園地，在這裡我們可以擺脫瑣碎的日常事務，從容傾聽自己靈魂的獨白，並和別的靈魂對話。如果我們反而陷入了瑣碎的學術事務，豈非違背哲學的初衷，那是何苦來呢？

常常有年輕人向我表示，他們熱愛人生問題的思考，渴望讀哲學系，以哲學為終身職業。遇到這種情況，我每每加以勸阻。我對他們說，做哲學家和讀哲學系完全是兩回事。哲學本質上只能自學，哲學家必定是自學成材的。如果說有老師，也只是歷史上的大哲人，直接師事他們，沒有任何中間環節。至於吃哲學飯與做哲學家就更加風馬牛不相及了。吃哲學飯無關乎靈魂，不過是社會上說空話最多、掙錢最少的一個行當罷了。一個人完全不必進那幢哲學辦公大樓去做一個小職員，而仍然可以是一個出色的人生思考者，也就是說，一個哲學家。

當然，這是極而言之。事實上，一個人只要有足夠的悟性，是可以不被專業化哲學敗壞的。我的意思是想表明，本真意義上的哲學不是一門學術，也不是一種職業，而是一個向一切探索人生真理的靈魂敞開的精神世界。不論你學問多少、以何為生，只要你思考人生，有所徹悟，你就已經在這個世界裡悠閒漫遊了。我自己也只想做這樣一個閒人遊客，並且恰如其分地把自己的作品看作一種心靈的閒談和遊記。

07

哲學不只是慰藉

狄波頓的《哲學的慰藉》一書選擇西方哲學史上六位哲學家，從不同角度闡述了哲學對於人生的慰藉作用。人生中有種種不如意處，其中有一些是可改變的，有一些是不可改變的。對於那些不可改變的缺陷，哲學提供了一種視角，說明我們坦然面對和接受。在此意義上，可以說哲學是一種慰藉。但是，哲學不只是慰藉，更是智慧。二者的區別也許在於，慰藉類似於心理治療，重在調整我們的心態，智慧調整的卻是我們看世界和人生的總體眼光。因此，如果把哲學的作用歸結為慰藉，就有可能縮小甚至歪曲哲學的內涵。

全書中，我讀得最有興味的是寫塞內卡的一章。部分原因可能是，這一章比較切題，斯多葛派哲學家本身就重視哲學的慰藉作用，塞內卡自己就有以《慰藉》為題的著作。做為羅馬宮廷的重臣，此人以弄權和奢華著稱，頗招時人及後世訾議。不過，他到底是一個智者，身在大富大貴之中，仍能清醒地視富貴為身外之物，用他的話來說便是：「我從來沒有信任過命運女神……我把她賜予我的一切——金錢、官位、權勢——都擱置在一個地方，可以讓她隨時拿回去而不干擾我。

我與那些東西之間保持很寬的距離，這樣，她只是把它們取走，而不是從我身上強行剝走。」

不止於此，對於家庭、兒女、朋友乃至自己的身體都應做如是觀。塞內卡的看法是：人對有準備的、理解了的挫折承受力最強，反之受傷害最重。哲學的作用就在於：第一，使人認識到任何一種壞事都可能發生，從而隨時做好準備；第二，說明人理解已經發生的壞事，認識到它們未必那麼壞。壞事為什麼未必那麼壞呢？請不要在這裡轉壞事變好事之類的通俗辯證法，塞內卡的理由見於一句精闢之言：「何必為部分生活而哭泣？君不見全部人生都催人淚下。」叔本華有一個類似說法：「倘若一個人著眼於整體而非一己的命運，他的行為就會更像是一個智者而非一個受難者了。」

哲人之為哲人，就在於看到了整個人生的全景和限度，因而能夠站在整體的高度與一切個別災難拉開距離，達成和解。塞內卡是說到做到的。他官場一度失意，被流放到荒涼的科西嘉，始終泰然自若。最後，暴君尼祿上臺，命他自殺，同伴們一片哭聲，他從容問道：「你們的哲學哪裡去了？」

蒙田是我的老朋友了，現在從本書中重溫他的一些言論，備感親切。作者引用了蒙田談論性事的片段，評論道：「他把人們私下都經歷過而極少聽到的事勇敢地說出來……蒙田的勇氣基於他的信念：凡是能發生在人身上的事就沒有不人道的。」說得好，有蒙田自己的話做證：「每一個人的形體都承載著全部人的狀況。」然而，正因為此，這一章的標題「對缺陷的慰藉」就很不確切了。再看蒙田的警句：「登上至高無上的御座，仍只能坐在屁股上。」「國王與哲學家皆拉屎，貴婦人亦然。」

很顯然，在蒙田眼裡，性事、屁股、拉屎等哪裡是什麼缺陷啊，恰好是最正常的人性現象，因此我們完全應該以最正常的心態去面對。一個人對於人性有了足夠的理解，他看人包括看自己的眼光就會變得既深刻又寬容，在這樣的眼光下，一切隱私都可以還原成普遍的人性現象，一切個人經歷都可以轉化成心靈的財富。想起最近我的自傳所引起的所謂自曝隱私的非議，我倒真覺得蒙田是一個慰藉，但不是對我的缺陷的慰藉，而是對我的智慧的慰藉。

在當今這個崇拜財富的時代，關於伊比鳩魯的一章也頗值得一讀。這位古希臘哲學家把快樂視為人生最高價值，他的哲學因此被冠以享樂主義的名稱，他本人則儼然成了一切酒色之徒的祖師爺，這真是天大的誤會。其實，他的哲學的核心思想恰恰是主張，真正的快樂對於物質的依賴十分有限，無非是食、住、衣的基本條件。超出了一定限度，財富的增加便不再能帶來快樂的增加了。奢侈對於快樂並無實質的貢獻，往往還導致痛苦。

事實上，無論是伊比鳩魯，還是繼承了他的基本思想的後世哲學家，比如英國功利主義者，全都主張快樂更多地依賴於精神而非物質。這個道理一點也不深奧，任何一個品嘗過兩種快樂的人都可以憑自身的體驗予以證明，沉湎於物質快樂而不知精神快樂為何物的人也可以憑自己的空虛予以證明。

本書還有三章分別論述蘇格拉底、叔本華、尼采，我覺得相比之下較差，就這些哲學家的精華而言，基本上是撿了芝麻丟了西瓜。部分原因也許在於，這三人的哲學是更不能以慰藉論之的。尤其尼采，他的哲學的基本精神恰恰是反對形形色色的慰藉，直面人生的悲劇性質，以此證明人的高貴和偉大。作者從尼采著作中擇取登山的意象，來解說「困難中的慰藉」，不但顯得勉強，而且多少有些把尼采哲學平庸化了。

輕視哲學的民族不可能優秀

今年（二〇〇五年）高校招生工作已結束，如同近些年一樣，許多學校哲學系考生稀少，門可羅雀。當然，這一情況完全是在意料之中的。在今日社會急功近利的總體氛圍中，大學孜孜於與市場接軌，越來越成為職業的培訓場，一般考生自然也就把就業前景樹為選擇專業的首要標準了。因此，毫不奇怪，不但文史哲一類人文學科，連數理化一類自然科學基礎學科，都在不同程度上成了冷門，而財經、法律、電腦等實用性強的學科則成了顯學。

其實，依我之見，哲學系考生少並不足慮，反倒是正常的現象。我一向認為，一個國家不需要有許多以哲學為專業的人，就像不需要有許多數學家、理論物理學家一樣。更確切地說，不是不需要，而是不可能、不應該。做為一門學科的哲學具有高度的抽象性和思辨性，對之真正有興趣和能力的人是絕不會多的，這種情況也正與數學、理論物理學領域相似。如果哲學成為熱門專業，必定是出了問題，說明有利可圖，使得許多對哲學並無真正興趣和能力的人擁了進來。

佩脫拉克有一句名言：「哲學啊，你是貧困地光著身子走進來的。」尼采也曾在相同意義上建議，不給哲學家發薪水，讓他們在野地上生長，藉此趕走那些想靠哲學牟利的假哲學家。這多少是憤激之言，哲學家畢竟也要吃飯，但基本意思是對的，就是哲學對於決心以之為終身志業的人有很高的要求，不容存名利之想。借用耶穌的話說，通向哲學的門是「窄門」，只有不畏寂寞、貧困——在今天還要加上失業——的人才能夠進入。從這個角度看，哲學系考生少未必是壞事，因為其中真愛哲學的人的比例也許就提高了。

不過，這僅是一個角度。換一個角度看，考生少意味著缺乏競爭，錄取分數較低，又可能導致素質較差者進入。解決這個問題的一個辦法是，縮減哲學系的數量和招生名額。事實上，本來就不必每所大學都辦哲學系。應該讓有志於哲學的考生感到，不管哲學如何冷門，考上哲學系就是優秀，就是光榮。

上面說的是哲學系考生少本身不足慮，接下來我要說一說這個現象反映出來的足慮的一面。一個國家不需要有許多以哲學為專業的人，這絕不等於說一個國家不需要哲學。做為對世界和人類根本問題的思考，哲學代表了一個民族在精神上所站立的高度，決定了它能否做為一個優秀民族在世界上發揮作用。真正令人憂慮的是我們民族今天所表現出來的嚴重世俗化傾向，對於物質財富的熱衷和對於精神價值的輕蔑。如果青少年中智商較高的人都一窩蜂奔實用性專業而去了，我們就很難再指望哲學人文科學會出現繁榮的局面。其實，即如經濟、法律等似乎偏於實用的學科，從業者若沒有哲學的功底，也是絕不會有大出息的。

輕視哲學無疑是目光短淺之舉。一個世紀前，張之洞為清朝廷擬定大學章程，視哲學為無用之學科，在大學課程中予以削除，青年王國維即撰文指出：「以功用論哲學，則哲學之價值失。哲學之所以有價值者，正以其超出乎利用之範圍故也。且夫人類豈徒為利用而生活者哉。人於生活之欲外，有知識焉，有感情焉。感情之最高之滿足，必求之文學、美術。知識之最高之滿足，必求諸哲學。」這正是哲學的「無用之用」。王國維的話在當時是空谷足音，在今天仍發人深省。

寫到這裡，我彷彿聽見一個聲音在責問我：現在學校裡所教授的哲學能夠給人以「知識之最高之滿足」嗎？這就觸及哲學系考生少的另一個原因了。在我們的學校裡，中學生和非哲學專業的大學生是從政治課上獲得對於哲學的概念的，這樣的哲學不能使他們享受思考的快樂，反而使他們感到枯燥。因此，為了澄清對哲學的普遍誤解，讓人們感受到哲學的魅力，就有必要改革我們的哲學課程，第一步是把它從政治課中分離出來，恢復它做為愛智慧的本來面貌和做為最高問題之思考的獨立地位。

09

鼓勵孩子的哲學興趣

在一定的意義上，孩子都是自發的哲學家。他們當然並不知道什麼是哲學，但是，活躍在他們小腦瓜裡的許多問題是真正哲學性質的。我相信，就平均水準而言，孩子們對哲學問題的興趣要遠遠超過大多數成人。這一方面是因為，從幼兒期到青春期，正是一個人的理性開始覺醒並逐漸走向成熟的時期，好奇心最強烈，求知欲最旺盛。另一方面，展現在他們眼前的是一個全新的世界，在這個階段內，生命的生長本身就不斷帶來對人生的新的發現、看世界的新的角度，使他們迷亂和興奮，也使他們困惑和思考。哲學原是對世界和人生的真相之探究，童年和青少年時期恰有發生這種探究的最佳機會。

然而，在多數人身上，隨著年齡和閱歷增長，曾經有過的那種自發的哲學興趣似乎完全消失了，歲月把一個個小哲學家改造成了大俗人。之所以發生這種情況，孩子周圍的大人——包括家長和老師——要負相當大的責任。據我所見，對於孩子提出的哲學問題，大人們普遍以三種方式處理：一是無動於衷，認為不值得理睬；二是粗暴地頂回去，教訓孩子不要瞎想；三是自以為是，用一個簡單的答案打發孩子。在大人們心目中，對世界和人生的思考太玄虛、太無用，功課、考試、將來的好職業才是正經事。在這種急功近利的氛圍中，孩子們的哲學興趣不但得不到鼓勵，而且往往過早地遭到了扼殺。

哲學到底有用還是無用，要回答這個問題，關鍵是如何看待所謂「用」。如果你只認為應試、謀職、賺錢是有用，那麼，哲學的確沒有什麼用。可是，如果你希望孩子成為一個真正優秀的人，那麼，哲學恰恰是最有用的。人類歷史上的一切優秀者，不管是哪一個領域的，必是對世界和人生有自己廣闊的思考和獨特的理解的人。一個人只有小聰明而沒有大智慧，卻做成了大事業，這樣的例子古今中外都不曾有過呢。

所以，如果你真正愛孩子，關心他們的前途，就應該把你自己的眼光放得遠一點。不要挫傷孩子自發的哲學興趣，要保護和鼓勵，而最好的鼓勵辦法就是和他們一起思考和討論。事實上，任何一個真正的哲學問題都不可能有所謂標準答案，可貴的是發問和探究的過程本身，使我們對那些根本問題的思考始終處於活潑的狀態。

在這方面，我們急需有水準的啟蒙讀物。好的啟蒙書其實不但適合於孩子閱讀，也適合於家長和孩子、老師和學生一同閱讀。在相當大的程度上，大人也需要受啟蒙，否則就當不好家長和老師，難道不是嗎？

10

哲學與孩子與通俗化

最近，廣東教育出版社出版了一套面向少兒讀者的「畫說哲學」小叢書，我也參與了寫作，因為我確信這是一件很有意義的事情。

在一切學問中，哲學最不實用。在一切時代中，我們的時代最講究實用。哲學在今天的命運就可想而知了。不過，我並不因此悲觀，理由是：一、我從來不期望哲學成為熱門，哲學成為熱門未必是好事；二、在任何時代，總是有不講究實用的一代人，那就是涉世未深的少年兒童。

童年和少年是哲學的黃金時期。無論東西方，最好的哲學都出在西元前五世紀左右，那是人類的童年和少年時期。對於個人也是這樣，在這個年齡上，正在覺醒的好奇心直接面對世界和人生，其間還沒有隔著種種遮蔽人的心智的利欲和俗見。孩子們多麼善於提出既不實用又無答案的問題，這正是哲學問題的典型特點，可惜的是，它們往往被毫無哲學聽覺的大人們扼殺了，同時也扼殺了許多未來的哲學家。

當然，這對這些孩子自己未必是不幸，因為真的成了哲學家，他們就很難在社會上吃得開，更不用想當高官大款了。但是，我想，他們中間或許會有一些人，像我們一樣，將來並不後悔做窮哲學家；而那些將來有希望當高官大款的人，他們也會不反對自己保留一點哲學眼光，以便在社會的沉浮中有以自持。所以，編寫這套面向少年兒童的哲學讀物，很可能是一件雖然無用然而有益的事情。

據說有些哲學專業人員認為，寫通俗的哲學作品必然會降低哲學的水準，喪失哲學的真髓。因此，他們站在專業立場上堅決反對把哲學通俗化。其實，所謂「通俗」是一個太籠統的說法。「通」本是與「隔」相對而言的，一個作者對自己所處理的題目融會貫通，因而能與相應的讀者溝通，在這兩方面均無阻隔，便是「通」。「俗」則是與「雅」相對而言的，指內容的淺顯和形式的易於流行。所以，「通」和「俗」原不可相提並論。事實上，世上多的是「俗」而不「通」或「雅」而不「通」的製品，卻少有真正「通」而不「俗」的作品。難的不是「雅」，而是「通」。而且我相信，只要真正「通」了，作品就必定不「俗」。

柏拉圖的許多對話、帕斯卡的思想錄、蒙田的隨筆、尼采的格言、聖修伯里的哲學童話《小王子》，看似通俗易懂，卻都是哲學的精品。有時候，深刻的理論發現為了不使自己與已有的理論相混淆，不得不尋找與眾不同的表達，或許難免顯得艱澀。但是，表達得清晰生動而又不損害思想的獨創性和深刻性，這無論如何屬於一流的語言技巧，不是貶低了而是更加顯示了一位大師的水準。相反，如果不「通」，不管怎樣寫得讓人看不懂，也只是冒充高雅、故弄玄虛而已。

所以，我絲毫不看輕給孩子們寫哲學書這項工作。就我個人的愛好而言，我是更樂意和孩子們（包括童心未泯的大人）談哲學的。與學者們討論哲學，很多時候是在賣弄學問。在孩子們面前，賣弄學問就無濟於事了。當事情涉及啟迪智慧時，孩子是最不好騙的。如果我自己不「通」，我就絕不可能讓他們對我的話裝出感興趣和理解的樣子。我必須拋開在哲學課堂上學來的一切半生不熟的知識，回到最原初的哲學問題上來，用最原初的方式來思考和講述。對我來說，這差不多是哲學上的一種返璞歸真和正本清源。以後若還有機會，我有心繼續這種嘗試，而且把這看作對自己的哲學能力的一種真正考驗。

11

哲學與我們的時代

沙特百年誕辰已經過去了。略具諷刺意味的是，圍繞這個日子，最引人關注的不是沙特的作品和思想，而是他在今天遭遇到的冷清，這種冷清成了媒體上一個小小的熱門話題。那些成長於二十世紀八〇年代的人對此感觸尤深，他們經歷過那個年代的所謂沙特熱、尼采熱、佛洛依德熱等等，曾為這些名字激動過，時過境遷，不免生出一種懷舊的情緒。的確，時代場景的變化實在太大了，當年以思潮為主角的精神浪漫已被今天以時尚為主角的物質浪漫取代，哲學曾是最有詩意的東西，今天似乎黯然失色了，讓位給了金錢和財富。

一個普遍的疑問：哲學過時了嗎？今天的時代還需要哲學嗎？

我的回答是：需要，但未必是那種以思潮面貌出現的哲學。思潮式的哲學的確過時了，當然不排斥有朝一日它又會時興。一般來說，只有在某些特殊的歷史背景下，例如二十世紀六〇年代法國的激進學生運動、八〇年代我國的社會轉型初期，哲學才會以思潮的形式流行。

大體而論，哲學有四種不同的存在形式。一是做為形而上學的沉思和偉大思想體系的創造，它屬於哲學史上的天才。二是做為學術，它屬於學者。三是做為思潮或意識形態，它屬於大眾。四是做為人生思考，它屬於每一個不願虛度人生的人。前兩種屬於少數人，不過學者與天才之間有著天壤之別。後兩種屬於多數人，而一個普通人是做為大眾還是做為個人走向哲學，情況也迥然不同。在我看來，一個人不是做為大眾追隨一種思潮，而是做為獨立的個人思考人生，這是更符合哲學之本義的狀態的，這時候他離哲學不是遠了，而是近了。正是這一意義上的哲學在今天不但沒有過時，而且格外為人們所需要。

哲學常常被定義為世界觀和人生觀，這個定義基本上可以接受，但我要強調「觀」這個詞：世界觀就是「觀」世界，人生觀就是「觀」人生。我們平時所做之事、所過之生活總是一個局部，哲學就是要我們從這個局部中跳出來，「觀」世界和人生的全域。通過「觀」全域，我們才能獲得一個正確的座標，用以衡量自己所過的生活有無意義、怎樣生活才有意義。今天時代的一個顯著特徵是急功近利，人們似乎都很渴望成功，但對成功的理解十分狹隘，往往局限於謀職和發財之類，「勵志」類書籍因之暢銷。我想特別強調，所謂「勵志」與哲學是正相反對的。「勵志」只有一個功利的小座標，把人生當作一種資本來經營，這樣即使取得了成功，也只是一種渺小的成功。哲學則立足於人生全域的大座標，它告訴人們，真正的成功首先應是做人的成功，即做一個精神上優秀的人，生活得有意義，而事業的成功不過是做人的成功的一個自然結果而已。

一個不問生活意義的人當然是不需要哲學的，可是，我相信，人畢竟是有靈魂的，沒有誰真正不在乎活得有沒有意義。事實上，人們越是被世俗化潮流脅迫著拚搏在功利戰場上，生活在人生的表面，心中就越是為意義的缺失而困惑、而焦慮。因此，在今天的時代，我們比以往任何時候都更需要哲學來為自己的人生定位和定向，哲學僅在表面上似乎成了棄婦，實際上卻是許多人的夢中情人。

做一個有靈魂的人

最近，《中國教育報》對中學生的課外閱讀做調查，結果顯示，哲學類書籍在其中占據相當大比重。同時，也發現不少人對哲學有誤解。該報記者彙集了一些問題，希望我有針對性地與中學生談一談哲學的學習。這正是我樂意做的事情，因為我相信，中學生裡一定有許多哲學的潛在知音，對他們說話絕不會白費口舌。

一、哲學是什麼？教科書上說是關於世界觀的學問，這個定義好像太籠統。調查中發現，很多學生以為哲學就是馬克思主義或政治課本，覺得枯燥，但他們喜歡讀哲理散文，例如您的文章。您如何看待這種現象？

哲學一詞的本義是愛智慧，通俗地說，就是不願稀里糊塗地活著，要活得明白。蘇格拉底有一句名言「未經省察的人生沒有價值」，就是這個意思。而要活得明白，就必須用自己的頭腦去想世界和人生的根本問題。在此意義上，可以說哲學就是世界觀和人生觀。我不太贊同哲學是學問的提法，因為說學問就容易凝固化。嚴格地說，哲學不是一門學問，而是一種思考的狀態。請注意「觀」這個詞，世界觀就是「觀」世界，人生觀就是「觀」人生，第一要用自己的眼睛去「觀」，第二所「觀」的應是世界和人生的全域。我們平時往往沉湎在身邊的瑣事之中，但有時也會從中跳出來，想一想世界究竟是什麼、人生究竟有什麼意義這樣的問題，這時候就是在進行哲學思考了。哲學是「觀」全域的活動，其最重要的特徵，一是獨立思考，二是思考根本問題。

馬克思是一位大哲學家，馬克思主義是一種在現代具有重要影響的哲學，這是現代許多哲學家都承認的。但是，馬克思主義哲學是在西方哲學傳統中產生的，脫離這個傳統，就不可能正確理解。在我們的教科書中，它被孤立起來了，它的豐富內涵又被簡單化為一些教條，這當然使學生對哲學產生誤解和厭倦。我認為，中學哲學教學的改革勢在必行。

二、如今書店裡最多的哲理讀物是勵志類書籍，您認為它們會給中學生帶來何種影響？

現在書店裡充斥著所謂勵志類書籍，其內容無非是教人如何在名利場上拚搏，出人頭地，發財致富，如何精明地處理人際關係，討老闆歡心，在社會上吃得開，諸如此類。依我看，這類東西基本上是垃圾，與哲學完全不沾邊。偏是這類東西似乎十分暢銷，每次在書店看到它們堆放在最醒目的位置上，滿眼是「經營自我」、「致富聖經」、「人生策略」、

「能說會道才能贏」之類庸俗不堪的書名，我就為我們的民族感到悲哀，何以竟墮落到了這等地步。使我驚訝的是，對於這種東西，稍有靈性的人都會產生本能的厭惡，怎麼還有人而且許多人把它們買回去讀？事實上，它們大多是書商找寫手胡亂編造出來的，目的是騙錢，寫手自己絕非成功之人，讀它們的人怎麼就能成功？可見這個時代已經急功近利到了盲目的程度。這種書會不會對中學生帶來不良影響？當然會。不過，我相信就本性而言，青少年蓬勃向上的心靈是不會喜歡這種散發著腐朽氣息的東西的，沒有一個孩子願意自己變得世故。如果他們中有人也讀這種書，我敢斷言，多半是庸俗的家長硬塞給他的。我希望中學生遠離這種書，以讀這種書為恥，因為這意味著年輕純潔的心過早變老變平庸了。

這裡我想順便談一談為什麼要學哲學。人是應該有進取心的，問題是朝什麼方向進取。哲學讓人綜觀世界和人生的全域，實際上就為人的進取方向提供了一個座標。一個人活在世上只是追求世俗的成功，名啊利啊什麼的，他的成功只是表面的，仍然是在混日子而已，區別只在混得好不好。真正的成功是做人的成功，即我們都是孤獨的行路人，一個精神上優秀的大寫的人[註2]。

這樣的人即使在世俗的意義上不很成功，他的人生仍是充滿意義的。可是，事實上，人類歷史上一切偉大的成功者恰恰出於這樣的人之中。不管在哪一個領域，包括創造財富的領域，做成大事業的絕非只有一些小伎倆的「精明」之人，而必是對世界和人生有廣闊思考和獨特領悟的擁有大智慧的人。

三、您曾說您最樂意與孩子談哲學，您的《畫說哲學——我們對世界的認識》、《畫說哲學——精神的故鄉》二書也是為孩子寫的。您能不能談一談，一個人在什麼年齡學哲學最合適？中學生應該怎樣學哲學？您能否推薦一些適合於中學生的哲學讀物？

一個人在任何年齡都可以學哲學。在不同的年齡，學習的方式和感受是不同的。黑格爾說過：「對於同一句格言，少年人和老年人會有很不同的理解。」不過，就哲學是愛智慧而言，我覺得中學和大學低年級是開始學哲學的最佳年齡。有一本書的書名叫《孩子是個哲學家》，我很贊同這個說法。愛智慧開始於好奇心，而孩子的好奇心是最強烈的，面對一個全新的世界和人生，他們什麼都要問，其中許多是真正哲學性質的。只是在小學時，年齡太小，好奇心雖然強烈，理性思維的能力畢竟還弱，應該鼓勵孩子的自發興趣，但不宜於正式學習。到了中學階段，可以開始正式學習了。所謂正式學習，也不是一本正經地讀教科書。你看在古希臘時代，蘇格拉底整天在街頭與人聊天，最喜歡聽他聊天的正是一些高中生、大學生年齡的人，他也最喜歡與這樣年齡的人聊，認為他們的心靈是最適宜播下哲學種子的肥土。就在這樣的聊天中，這些青少年學到了哲學，其中好幾位成了大哲學家，比如柏拉圖。

可是，今天的中學生到哪裡去找這樣一個蘇格拉底啊，主要還得靠自己閱讀。一開始當然只能讀一些比較通俗的入門書，在選擇這類讀物的時候，我想強調兩條標準，第一要有趣，第二起點要高。既有趣起點又高，談何容易？其實好的通俗哲學書是非常難寫的，必出於大家之手。這方面有兩本書值得推薦，一是羅素的《西方的智慧》，另一是杜蘭特的《哲學的故事》。到了高中和大學階段，如果你想深入學哲學，我建議你讀一本比較可靠的哲學史，比如梯利的《西方哲學史》，然後，選擇其中談到的你感興趣的哲學家，去看他們的原著。我這裡說的是學習西方哲學，學習中國古代哲學的道理與此相同。根據我的經驗，要真正領悟哲學是什麼，最好的辦法就是讀大哲學家的原著，看他們在想什麼問題和怎樣想這些問題。你一旦讀了進去，就再也不想去碰那些粗淺的啟蒙讀物了。

13

誰來上哲學課

哲學課可以是最令人生厭的，也可以是最引人入勝的，就看誰來上這門課了。誰來上是重要的。與別的課以傳授知識為主不同，在哲學課上，傳授知識只居於次要地位，首要目標是點燃對智慧的愛，引導學生思考世界和人生的重大問題。要達到這個目標，哲學教師自己就必須是一個有著活潑心智的愛智者。他能在課堂上產生一個磁場，把思想的樂趣傳遞給學生。他是一個證人，學生看見他便相信了哲學絕非一種枯燥的東西。這樣一個教師當然不會拿著別人編的現成教材來給學生上課，他必須自己編教材，在其中貫穿著他的獨特眼光和獨立思考。

傅佩榮先生的《哲學與人生》就是這樣的一本教材。他開設的這門課程在臺灣大學受到熱烈歡迎，被學生評為「最佳通識課程」，我讀了以後覺得是名實相符的。傅先生對於哲學真有心得，而且善於做簡潔清晰的表達。比如在講解哲學是「愛智」時，他把「愛智」定義為「保持好奇的天性，探詢一切事物的真相」的生活態度，把「智慧」概括為「完整」和「根本」兩個特徵，又將「愛智」的「愛」解釋為溫和而理性的「友愛」，而與狂熱的「情愛」、浮泛的「博愛」相區別，令人感到既準確又頗具新意。我還欣賞傅先生眼界和心胸的開闊，沒有門戶之見，在他的課程中做到了兩個打通。一是打通各個精神領域，講哲學而不局限於哲學學科，分別列出專章論述神話、藝術、宗教、教育對於人生哲學的特殊貢獻，把人生問題置於文化的大視野中來考察。二是打通中西哲學，西方的重點放在蘇格拉底和存在主義，中國則著重闡述了儒道二家哲學的內在理路及其價值，博采眾家之長，在建構現代人生哲學時對一切思想資源保持開放的心態。

人們是否贊同本書中的某些具體觀點，這絲毫不重要。一個優秀哲學教師的本事不在於讓學生接受他的見解，而在於讓學生受到他的薰陶，思想始終處於活躍的狀態。我對哲學課的最低和最高要求是把學生領進哲學之門，使他們約略領悟到哲學的愛智魅力，但這豈是一件容易的事！多少哲學教學的結果是南轅北轍，使學生聽見哲學一詞就頭痛，看見貼著哲學標籤的門就扭頭，其實那些門哪裡是通往哲學的呢。因此，在向讀者推薦本書的同時，我期待我們通識課程的改革，從而出現一批真正能把學生領進哲學之門的哲學教師和哲學教材。

Part4

人文精神的哲學思考

人文精神的哲學思考

「人文精神」這個詞，大家都掛在嘴上，但對它的含義卻比較模糊，我也一樣。我稍微認真地想了想，有了一個思路，提出來和大家討論。

在西文中，「人文精神」一詞應該是humanism，通常譯作人文主義、人本主義、人道主義。狹義是指文藝復興時期的一種思潮，其核心思想為：一、關心人，以人為本，重視人的價值，反對神學對人性的壓抑；二、張揚人的理性，反對神學對理性的貶低；三、主張靈肉和諧、立足於塵世生活的超越性精神追求，反對神學的靈肉對立、用天國生活否定塵世生活。廣義則指歐洲始於古希臘的一種文化傳統。

和「人文精神」有關的另一個詞是humanities或humane studies，通常譯作人文科學。在西方，根據研究對象的不同，一般把學科劃分為自然科學、社會科學、人文科學三大部分。其中，人文科學是研究人或人性的學科，可以籠統地稱作人學或人性學。在德國，人文科學叫die geistige Wissenschaft，即精神科學。究竟哪些學科屬於人文科學或精神科學，各國的劃分有出入，但大致都包括文學、語言學、藝術學、歷史學、考古學、哲學、法學等。一般來說，在人文科學中，價值觀點占據更重要的位置，其他科學則更注重事實（現象）和邏輯。當然，這只是相對而言，事實上，人文價值觀點也常常做為一種研究方法用於其他學科。

根據以上分析，我把人文精神的基本內涵確定為三個層次：一、人性，對人的幸福和尊嚴的追求，是廣義的人道主義精神；二、理性，對真理的追求，是廣義的科學精神；三、超越性，對生活意義的追求，是廣義的宗教精神。簡單地說，就是關心人，尤其是關心人的精神生活；尊重人的價值，尤其是尊重人做為精神存在的價值（尊重精神價值）。

一、人性：尊重人的價值

人文精神的起點是對人的價值的尊重，確認人是宇宙間的最高價值。這一方面是相對於物而言的，人永遠比物寶貴；另一方面是相對於神而言的，不能以神的名義壓制人。從這一點出發，人文精神肯定人的塵世幸福，認為人生的價值應在現世實現，人有權追求塵世的幸福，不能把幸福推延到天國或不可見的未來。其中也包括肯定感官的快樂，反對禁欲主義。

但是，和人的生物性欲求相比，人文精神更看重人的精神性品格，認為後者是人的尊嚴之所在。也就是說，對人來說，尊嚴高於幸福。關於這一點，康德的解說最有代表性。他認為，人一方面屬於現象界，具有感性，受制於自然法則，追求快樂（幸福）；另一方面屬於本體界，具有理性，能夠為自己建立道德法則，「人的尊嚴就在於這個能夠做普遍律的立法者的資格」，它證明人是自由的。正是在人的尊嚴之意義上，他進一步提出：人是目的，永遠不可把人用作手段。

我對康德這個觀點的理解是：所謂人是目的，就是要把人當作精神性存在加以尊重。這分對己和對人兩個方面。一方面，每個人要把自己當作精神性存在、當作獨立人格加以尊重，在任何情況下不能喪失做人的尊嚴和人格。現在有些人為了物質利益而喪失人格，他們實際上就是不把自己當作目的而是當作手段了，是把自己當作了謀取物質利益的工具。另一方面，每個人也要把他人當作精神性存在、當作有獨立人格的個人加以尊重，在任何情況下不可侮辱他人的人格，貶損他人做為人的尊嚴。我認為，我們的文化傳統中一向缺少人的尊嚴這個極其重要的觀念。比如說，現在人們普遍痛感誠信的缺乏，都在呼籲誠信。仔細分析一下，為什麼會缺乏誠信呢？其實根源就在缺乏人的尊嚴之意識。一個人之能夠誠實守信，基礎是自尊，他彷彿如此說：「這是我的真實想法，我願意對它負責。」一個人之能夠信任他人，基礎是尊重他人，他彷彿如此說：「我要知道你的真實想法，並相信你會對它負責。」可見誠信是以雙方共有的人的尊嚴之意識為基礎的。沒有這樣的意識，就會互相之間把自己也把對方看作工具，為了利益不擇手段，哪有誠信可言。

尊重人的價值不能流於空泛，必須落實到尊重每一個個人。因此，個人主義也是西方人文精神的一個重要傳統。我們常把個人主義當作自私自利、損人利己的同義詞，理解未免太偏太窄。西方思想家也會在不同的意義上使用individualism（個人主義）一詞，在肯定的意義上，這個詞是指對個性、個人獨特性的推崇。做為一種倫理思想，個人主義強調：每個人的生命（和靈魂）是獨一無二、不可重複的，本身就具有不可替代的價值，必須予以尊重。每個人都有責任也有權利充分實現自己的個性和人生價值。同樣，每個人對他人也應該如此看待。在個人與社會的關係上，個人主義認為，個人是目的而非手段，一種合理的社會秩序應該有助於一切個人的自由發展。

在個人主義倫理思想和自然法傳統的基礎上，又形成了自由主義政治思想的傳統。其實，自然法傳統也與個人主義密切相關，其基本主張是：個人擁有天賦權利（生命、自由和財產）；政府和社會的存在是為了保護個人的權利。自由主義的基本思想可歸結為兩點：

第一，個人自由原則。在涉及自己的行為上，個人擁有完全的自由，不受他人（和政府）的強制。這一點當然也適用於每個人對他人的關係，任何人不得對他人實施強制。在為這個原則辯護時，一般舉出兩方面的理由。一方面，個性本身即是價值。如同約翰•穆勒所說：一個人「自己規劃其存在的方式總是最好的，不是因為這方式本身算最好，而是因為這是他自己的方式」。當代自由主義思想家海耶克則指出：人性有著無限的多樣性，個人的能力及潛力的先天差異性使每一個人都「具有成為一個特立獨行的個人的素質」，是自由理想和個人價值理想的生物學依據。另一方面，個人自由有益於社會，包括在物質上，如同亞當．斯密所說，個人之間的自由競爭像一隻「看不見的手」那樣，能夠形成最合理的經濟秩序，也包括在精神上（思想、言論、信仰），個人自由能夠最有效地促進思想發展和文化繁榮。

第二，法治原則。為防阻強制的發生，保障個人自由，需要法律和政府。但是，政府一旦存在，就有了政府侵犯個人自由的可能性。因此，法治原則主要是針對政府的，旨在保證政府依據法律治理。其要點為：一、法律的目的僅在於保護個人自由，防阻強制的發生，有悖於此的雖由立法機關頒布亦為非法。二、法律是普遍性規則，不針對具體的人和事，法律面前人人平等。三、法律至上，政府必須受法律支配，而這意味著政府除了防阻強制之外，不得使用它的強制權力。四、立憲政治，關鍵是立法權與行政權真正分離，以保證法律的制定不受行政干預和監督政府對法律的遵守。通過以上所述，我們可以看到，西方思想中的若干重要傳統，包括人道主義、個人主義、自由主義，都是從尊重人的價值的立場出發，圍繞著保證個人自由和個人價值之實現這個目的而形成的，彼此有著十分緊密的聯繫。

二、理性：頭腦的認真

人文精神之尊重人的價值，不只是把人當作一種生命存在，更是把人當作一種精神存在。關心精神生活，尊重精神價值，是人文精神更深刻的方面。從人文精神的立場看，人的肉體生存的權利必須得到保障，物質生活有其不應貶低的價值，在此前提下，精神生活又具有獨立於物質生活甚至比物質生活更高的價值，不可用功利標準來衡量。精神生活是人的高級天性的實現，人之為人的價值之所在，人真正高於動物之處。動物有肉體生活，有某種程度的社會生活，但肯定沒有精神生活。精神稟賦是人的最可貴稟賦，它的自由發展本身即有價值，而且是最高的價值。人與人之間最重要的區別也在此，而不在物質上的貧富、社會方面的境遇，是內在的精神素質把人分出了偉大和渺小、優秀和平庸。對一切精神偉人來說，精神的獨立價值和神聖價值是不言而喻的，是無法證明也不需證明的公理。

精神生活可相對區分為智力生活和心靈生活。前者面向世界，探尋世界的奧祕，體現了人的理性；後者面向人生，探尋人生的意義，體現了人的超越性。

大多數哲學家認為，理性是人區別於動物的本質特徵。為了解說方便，我把理性（智力生活）歸納為以下三個要素：

第一，好奇心。

好奇心是智力生活的開端和最基本要素。愛因斯坦稱之為「神聖的好奇心」。為什麼好奇心是「神聖」的呢？也許是因為，好奇心是人區別於動物的一個特徵，動物只注意與生存有關的事情，人超出生存而對世界萬物感興趣；它甚至使人接近於神，受好奇心驅使，人彷彿想知道創世的祕密，在自己的頭腦中把世界重新創造一遍。無論在人類，還是在個人，好奇心都是理性能力覺醒的徵兆。

柏拉圖和亞里斯多德說，哲學開始於驚疑。其實，科學也是這樣，好奇心是科學探索的原動力。驚奇是一種偉大的能力，表明一個人意識到了未知原因的存在，並且渴望把它找出來。愛因斯坦談到，他五歲時看見指南針在未被觸動的情形下轉動，便感到異常驚奇，意識到在事物中藏著某種祕密。這給他留下了極深的印象，很可能是他日後走上科學研究之路的最初動因。然而，「神聖的好奇心」有許多敵人，主要敵人有二。一是習慣，所謂見怪不怪，習以為常了。孩子往往都有強烈的好奇心，一般規律是隨著年齡增長，好奇心遞減。在一定意義上，科學家是那種不受這個規律支配、始終保持著好奇心的人。二是功利心，凡事都問有沒有用，沒有用就不再感興趣。如果說好奇心是神聖的，那麼，功利心恰恰是最世俗的，它是好奇心的死敵，在它的支配下，科學探索的原動力必定枯竭，眼光必定被限制在一個狹小的範圍內。

當今教育的最大弊病是受功利原則支配，其中也包括家庭教育，急功近利的心態極其普遍，以馬上能在市場上賣個好價錢為教育和受教育的唯一目標。所以，我把現在的教育看作好奇心的最大敵人。愛因斯坦早已發出驚歎：現代教育沒有把好奇心完全扼殺掉，這簡直是一個奇蹟。現在的所謂素質教育往往也只是著眼於增加課外知識，擴大灌輸範圍，仍以有用和功利為準則，而不是鼓勵和保護好奇心。依我看，要真正改變應試教育，就必須廢除高考，把競爭和淘汰推遲到大學階段，在大學裡也著重考查獨立研究的能力而非書本知識。

第二，頭腦的認真。

好奇心是對未知之物的強烈興趣，它理應引向把未知變成已知的認真的求知過程。有的人似乎有廣泛的好奇心，但事事不求甚解，淺嘗輒止，只能說明他的好奇心仍不夠強烈，因而缺乏推動的力量。真正強烈的好奇心必然會推動人去探根究底。人的精力有限，不可能對自己感興趣的所有問題都做系統的探究。因此，好奇心可以廣泛，智力興趣必須定向。

許多大科學家、大思想家都在青年時期形成了自己的問題領域和研究方向，那可能是引起他們最大好奇心的問題，或他們發現的以往知識體系中最可疑的環節。頭腦的認真歸根究底是在知識的根據問題上認真，一種認識是否真理，一定要追問其根據。所謂根據，一是判斷是否符合經驗事實，二是推理是否合乎邏輯，人的理性能力就體現在運用邏輯對經驗材料進行整理。但是，人的理性能力本身是否可靠呢？如果它不可靠，它所確認的根據就成了問題。在西方哲學中，這種擔憂一直存在，促使人們由追問知識的根據進而追問人類知識形成方式的根據，對知識形成的各個環節做仔細審查。因此，知識論成為哲學中的一個重要領域，近代以來更成了主題。其中貫穿著一種努力，便是想把人類知識建立在完全可靠的基礎上，否則就放心不下。相比之下，中國哲學一向不重視知識論，知識論是最薄弱的環節。相對而言，宋、明算是最重視的，但也偏於知行關係問題，所討論的知識主要指道德認識，即所謂「德性之知」。在中國哲學史上，從總體上懷疑知識之可靠性的只有莊子（「夫知有所待而後當，其所待者特未定也。」），但基本上沒有後繼者。蘇格拉底所主張的「知識即德行」是西方哲學家的普遍信念，中國哲學家正相反，信奉的是「德行即知識」。由於把知識本身看作目的性價值，因此，西方多具有純粹的思想興趣、學術興趣、科學研究興趣的人，在從事研究時只以真知為目的而不問效用。正是在這樣的精神氛圍中，最容易產生大思想家、大學者、大科學家。中國則缺少這樣的氛圍，所以不容易出大師。

第三，從思想上把握完整的世界圖畫的渴望。

好奇心和頭腦的認真面對整個世界，就會追問整個世界存在的根據，因而必然把人引向哲學的沉思或宗教的體悟。愛因斯坦把這種渴望稱作宇宙宗教感情，並認為它是科學研究的最高動機。到了這一步，頭腦與靈魂便相通了，科學與哲學、藝術、宗教便相通了。事實上，大科學家都不滿足於純粹經驗研究，他們都是懷著揭示宇宙最高祕密的心願度過實驗室裡的日日夜夜的。

以上所述可統稱為廣義的科學精神，其實質是對非功利性的純粹智力生活的熱愛。這是人文精神的一個重要方面。

三、超越性：靈魂的認真

超越性指人對超出生存以上的意義之尋求。與理性相比，超越性更是人所特有的本質。動物有某種為生存服務的認識能力（低級理性），但絕不可能有超越的追求，不可能有哲學、宗教、藝術。理性的產生也許可以用進化論解釋，但進化論肯定解釋不了靈魂即對意義的追求之來源。

和理性的解說相對應，我把超越性（心靈生活）也歸納為三個要素：

第一，對自己人生的責任心。

這是心靈生活的開端和最基本要素，它根源於對生命的愛。因為這愛，不願生命流逝，便會珍惜自己的生命體驗和感受，發展出豐富的內心生活。也因為這愛，不願生命虛度，便要尋求生命的意義，對人生進行思考。每個人在世上只有活一次的機會，沒有任何人能夠代替你重新活一次；如果虛度了，也沒有任何人能真正安慰你。如果你清醒地意識到了這些，對自己的人生怎麼會不產生出最嚴重的責任心呢？我把對自己人生的責任心看作人生在世最根本的責任心，因為其他的責任可以分擔或轉讓，唯有這不能，必須完全靠自己承擔。然而，具備這種責任心極不容易，因為人們往往受習俗和時尚支配。

約翰．穆勒指出：在僅關自己的事情上，人們從不問什麼合於我的性格和氣質，或者什麼能讓我身上最好和最崇高的東西得到發揮的機會。所問的是什麼合於我的地位，別人通常是怎麼做的。他們還不是在合乎習俗與合乎自己意向兩種情形相比之下，捨後者而取前者，他們根本是除了趨向合乎習俗的事情外便別無任何意向。由於他們不許依循其本性，結果就沒有本性可以依循了。

尼采也指出：人們躲藏在習俗和輿論背後，隨波逐流地思考和行動，而不是快快樂樂地做自己。之所以如此，是因為怯懦，怕鄰人指責，更是因為懶惰，怕真誠可能加重他們的負擔。事實上，對自己的人生負責的確是沉重的責任，最需要毅力和勇氣，而跟隨習俗和時尚則最輕鬆，但前者的收穫是擁有自己的靈魂，後者的代價是失去靈魂，究竟哪一種生活更值得一過，應該是清楚的。

第二，靈魂的認真，即在人生的根據問題上認真。

對自己的人生負責，必然會引向對人生意義、根據、價值的追問，要自己來為自己尋求一種人生信仰，自己來確定在世間安身立命的原則和方式。從總體上看，我們中國人也比較缺乏靈魂的認真，缺乏超越性的追求，中國文化傳統中缺少形而上學哲學和本土宗教便是明證。我們的人生哲學注重的是道德，是妥善處理人際關係的準則，而往往迴避對人生進行追根究底的探究。

在一定意義上，孔子和蘇格拉底分別是中西哲學傳統的始祖，他們兩人都重視人生哲學。但是，他們的嫡傳弟子便顯出了顯著差別，孟子走向了更典型的道德論，柏拉圖卻走向了本體論。這種分殊肯定已發端於他們的老師，在這方面做一比較研究一定很有意思。

第三，在精神上與某種宇宙精神本質建立聯繫的渴望。

認真追問生命的意義，不可避免地會面臨死亡與不朽、世俗與神聖之類根本性問題，會要求以某種方式超越有限的肉體生命而達於更高的精神存在，渴望與之建立某種聯繫。這就是信仰的本來含義。

以上所述可視為廣義的宗教精神，其實質是對個人內在的心靈生活的無比關注，將其看得比外在生活更重要。這是人文精神的另一個重要方面。一個人是否具有這種廣義的宗教精神，與他是否宗教徒或屬於什麼教派完全無關。

總之，在我看來，人文精神的基本含義就是：尊重人的價值，尊重精神的價值。對個人來說，就是要有自己的人格，有真正屬於自己的頭腦和靈魂，在對世界的看法和對人生的態度上自己做主，認真負責。對社會來說，就是要為此創造一個相宜的環境。

最後，我想特別對青年人說幾句話，談一談擁有心智生活的問題。

心智生活就是我前面所說的心靈生活（頭腦、理性）和智力生活（靈魂、超越性）的合稱，也就是通常所說的精神生活。心智生活的特點是內在性和非功利性。它是一種內在生活，而不像肉體（物質）生活、社會生活那樣是外在生活。它是沒有功利目的的，心智的運用、真理的探究本身就是目的，並且能夠從中獲得最大快樂。

對一個正常人來說，內在生活和外在生活當然都是需要的。只有外在生活，生活的全部內容是謀生（掙錢＋消費）和交際，這樣的人是十足的庸人。只有內在生活的人極少，往往是某一類天才，同時往往也是世人眼中的或真正病理意義上的瘋子，例如荷爾德林、尼采。有兩者皆優的天才，如歌德、拿破崙。真正的偉人必有偉大的心智（內在生活），心智不偉大者不可能有偉大的事功（外在生活），但心智偉大者未必有偉大的成功。

是否擁有心智生活，與職業無關。並非只有科學家、學者才能過智力生活，只有詩人、哲學家、宗教家才能過心靈生活。事實上，大學和研究機關裡許多人並無真正意義上的精神生活，只是在做死學問，或謀生謀利。職業化的弊病是：精神活動往往蛻變為功利活動；行業規矩束縛了真才之人的自由發展。所以，歷史上有許多偉大的精神探索者有意從事一種普通職業，而只在業餘時間從事精神探索。

我們時代的特點是，人們普遍沉淪於功利性的外在生活，很少有人真正過內在的心智生活。在這種情況下，我希望青年人保持清醒，認識到心智生活在人生中的重要價值。心智生活能使人獲得一種內在的自由和充實。一個人唯有用自己的頭腦去思考，用自己的靈魂去追求，在對世界的看法和對人生的態度上自己做主，才是真正做了自己的主人。同時，如果他有豐富的內心世界，便在自己身上有了人生快樂的最大源泉。

心智生活還能使人獲得一種內在的自信和寧靜，彷彿有了另一個更高的自我，能與自己的外在遭遇保持一個距離，不完全受其支配，並能與外部世界建立恰當的關係，不會沉淪其中，也不會去湊熱鬧。這就是所謂定力。現在學界有一些人，自以為是指導時代的風雲人物，但沒有內在的心智生活，因而就沒有一貫的學術志趣和精神立場。自己沒有靈魂的人，怎麼能充當拯救別人靈魂的導師呢？

人們常常歎息，中國為何產生不了大哲學家、大詩人、大作曲家、大科學家等等。據我看，原因很可能在於我們的文化傳統的實用品格，對純粹的精神性事業不重視、不支援。一切偉大的精神創造的前提是把精神價值本身看得至高無上。在我們的氛圍中，這樣的創造者不易產生，即使產生了也是孤單的，很容易夭折。現在的開放是一個契機，我希望我們不要只看到經濟上的挑戰，更深刻長遠的挑戰是在文化上。中國要真正成為有世界影響的文化大國，就必須改變文化的實用品格。我懇切地希望，現在的青年人能為此做出貢獻。一個民族擁有一批以純粹精神創造為樂的人，並且以擁有這樣一批人為榮，在這樣的民族中最有希望產生世界級的文化偉人。

02

人身上最寶貴的三樣東西

我講的題目是人文精神。為什麼要講這個問題呢？你們知道，中國正在搞現代化，實際上這個現代化的進程在清末民初就開始了。那個時候，我們的前輩對現代化問題的認識經歷了三個階段。一開始，當時的官員和知識分子都認為，中國落後就落後在經濟和軍事實力太弱，所以現代化就是要引進西方先進的技術和武器裝備，就是所謂堅船利炮。接著發現，其實問題出在我們的制度上，所以一定要改變制度，於是大搞君主立憲之類。

最後，在甲午戰敗後，大家如夢初醒，強大的艦隊也建立了，君主立憲也在搞了，還是敗在日本手裡，真正的問題出在我們的國民素質上。國民素質這麼差，如果不提高，武器再先進也照樣挨打，制度怎麼變也是換湯不換藥。從此以後，許多人就開始對這個問題進行反省。那麼，關於我們的國民素質，當時中國一個很重要的思想家，最早系統引進西方哲學的一個人，就是嚴復，他指出了中國國民素質有三大弱點。哪三個弱點呢？

一個是民力，國民的體力、生命力太差，實際上就是生命素質太差。第二個是民智，國民的智力太差，智力素質太差。第三個是民德，國民的道德素質太差。回過頭去看，我覺得嚴復是說得很準的。看看現在的情況，他指出的這三個問題仍然存在，而且還非常嚴重。現在我們搞市場經濟，官員腐敗、誠信缺失這些現象使大家很憤慨，有些人甚至因此對中國現代化的前景失去信心，其實這些現象都證明了我們的國民素質仍然太差。我覺得，國民素質差就差在缺乏人文精神，所以可以說人文精神要解決的正是國民素質的問題。

當然，我這樣來看人文精神只是一個角度，前些年「人文精神」這個詞挺時髦，人們談得很多，用它來表達很不同的意思，我說的只是一家之言。我理解的人文精神其實很簡單，就是我們現在經常講的一句話——以人為本，也就是要尊重人的價值，做什麼事情都要把人擺在最重要的位置上。那麼，在我看來，人文精神應該有一個核心概念，這個概念就是人的尊嚴。人的尊嚴這個概念我們現在很少提了，其實講人文精神最應該強調的就是人的尊嚴。用我們的日常語言來說，就是要把人當人來看待和對待，一方面要把自己當人，尊重自己，活得有尊嚴；另一方面要把別人當人，尊重別人，不可損害別人的尊嚴。

那麼怎麼才算是尊重人的價值呢？人身上的什麼東西是最值得尊重的呢？我認為人身上有三樣東西是最寶貴的、最有價值的、最應該得到尊重的。哪三樣呢？就是生命、頭腦和靈魂。所以，展開來說，人文精神就表現為三個尊重，就是尊重生命的價值、尊重頭腦的價值、尊重靈魂的價值。你們可以看出，這三個方面與嚴復說的民力、民智、民德是一致的。我們也可以換一個說法，尊重生命是人道主義精神，尊重頭腦是科學精神，尊重靈魂是廣義的宗教精神，人文精神展開來實際上是這三種精神。

首先是尊重生命的價值。我想這個道理是很簡單的，因為對每一個人來說，生命是最基本的價值，是其他所有價值的一個前提和基礎。沒有了生命，別的一切價值從何談起？你對一個人的生命不尊重，可以隨意剝奪，你還說什麼尊重他做為人的價值？所以，尊重人的價值第一條就是要尊重生命的價值，人的尊嚴第一條就是生命的尊嚴。可是，這個道理雖然很簡單，我們在這方面的現狀卻不容樂觀。你們翻開報紙就可以看到，每天有許多人死於非命，包括醫療事故、交通事故、煤礦安全事故、假藥和偽劣食品事件，也包括兇殺和自殺，真讓人感到中國人的命是很不值錢的。我覺得這種情況應該引起高度重視了，一個社會最起碼的要求是要讓人們有基本的安全感。現在富人和高官們紛紛把子女送出國，肯定也有安全方面的考慮。

但是，能夠跑出去的畢竟是極少數人，而且這也是不負責任的，負責任的態度是想辦法改變現狀。怎麼改變呢？這個說起來話就長了，我只提示一點，就是要建設一個法治社會。

實際上，法治社會的根本出發點就是保護人的生命權利，為此要建立起一種秩序，在這種秩序中，每個人都可以自由地行使他的生命權利，去追求他的利益和幸福，同時又不得侵犯別人的生命權利，不得損害別人的利益和幸福，如果侵犯和損害了，他就一定會受到懲罰。我個人認為，我們現在離這個標準還很遠。什麼時候我們在這個社會裡普遍有安全感了，就可以說法治社會基本建成了。

除了生命之外，人身上另外兩樣最寶貴的東西是頭腦和靈魂。人是有頭腦的、能夠進行理性思考的，人又是有靈魂的，也就是有精神追求的，這兩樣東西都是人的精神屬性，或者說是人的高級屬性。正是因為有這兩樣東西，人才成為區別於動物的精神性存在，所以它們是人之為人的價值之所在。關於這一點，中西哲學家是有相當一致的看法的，都認為人與動物的根本區別是精神，包括頭腦和靈魂。在中國哲學家中，我可以舉出孟子和荀子。

孟子說，人性中有四端，也就是四種精神性品質的萌芽。第一個是「仁」，就是「惻隱之心」，實際上就是同情心；第二個是「義」，就是「羞惡之心」，實際上是指道德情感；第三個是「禮」，又叫「恭敬之心」，就是懂禮貌、守秩序；第四個是「智」，又叫「是非之心」，實際上就是理性。那麼，在這裡面，「智」就是頭腦，「仁」和「義」可以看作靈魂，「禮」是一個社會性的東西，我覺得歸入精神性品質有些勉強。孟子強調說，這些品質才使人和禽獸有了區別，而「人之所以異於禽獸者幾希」，就是說，這些品質雖然是人天生就有的，但非常微弱，必須在後天「擴而充之」，加以發展。

荀子的說法是：「水火有氣而無生，草木有生而無知，禽獸有知而無義，人有氣有生有知亦且有義，故最為天下貴也。」他說的「知」是指知覺，還不是理性或頭腦；「義」是道德，可以認為是指靈魂。在他看來，人和動物的區別就在於靈魂。

在西方哲學家中，許多人都認為人是理性動物，也就是把頭腦看作人與動物的根本區別。叔本華則說，人是形而上學動物，他把靈魂或者說人的形而上學追求、人的超越性看作人與動物的根本區別。康德說過一句名言，他說世上最讓人敬畏的兩樣東西，一個是頭上的星空，一個是心中的道德律。我們可以說，頭腦和靈魂正是對應於這兩樣東西的，人的頭腦因為能夠思考星空所以偉大，人的靈魂因為有道德律所以偉大。總之，頭腦和靈魂是人身上最偉大的兩樣東西。所以，尊重人的價值的更重要方面是尊重人做為精神性存在的價值，尊重頭腦和靈魂的價值。

從尊重頭腦的價值來說，我在這裡只想強調一點，就是我們絕不可僅僅從實用的角度去看頭腦的價值，歸結為功利性價值。當然，人有理性思維的能力，可以運用這個能力去認識外部環境，改變外部環境，為自己的生存創造更好的物質條件，這也是頭腦的一個價值。

但是，這個價值還是比較低級的、比較初步的，不是頭腦的最大價值。如果頭腦只有這一個價值，只是人的生存工具，其實人離動物還不算遠。我剛才說了，頭腦是人的一個高級屬性，人因為有頭腦，有理性思維，就對世界萬物有好奇心，要探究世界的祕密，要用自己的頭腦來尋求答案。人在這樣做的時候，會感到極大的愉快，這種愉快是任何物質性的收穫不能比的，這一點在那些偉大的哲學家、科學家身上表現得最明顯。事實上，我們每個人也應該這樣，要能夠從智力的運用、好奇心的滿足中獲得高層次的快樂。

心智的運用本身是人的高級屬性的滿足，本身就具有價值，為什麼一定要用低級屬性的滿足即所謂有用來衡量呢？所以，我認為，就個人來說，你尊重頭腦的價值，就是要用它，要讓它享受思考的快樂。一個人的頭腦對世界保持活潑的好奇心，並且堅持獨立思考，這樣的人就擁有了一種內在的自由。從社會來說，尊重頭腦的價值就是要鼓勵人們獨立思考，保護思想和言論的自由，也就是提供一種外在的自由。

最後說一說尊重靈魂的價值。我認為，靈魂是人的精神屬性的更高層次，是人與動物的更高區別。我說的靈魂，實際上是指精神追求，就是人不但要活，而且要活得有意義，而這種對超出生存意義的尋求和體驗就構成了人的靈魂生活。可能在不同的人那裡，靈魂生活所占據的位置很不相同。如果你對人生意義的問題非常認真，靈魂生活在你那裡的地位就很重要，對意義問題越認真就越重要。當然，總有一些人很不認真，無所謂，那麼，他們基本上是沒有靈魂生活的。所以，由一個人對意義是否認真，基本上可以鑑別出他有沒有靈魂生活，甚至不妨說有沒有靈魂。不過，我相信實際上每一個人都是有靈魂的，缺乏靈魂生活的人也是有靈魂的，正因為如此，他有時候會感到空虛。假如他的物質生活已經很奢侈了，肉體已經很滿足了，那麼是什麼在感到空虛呢？當然是他的靈魂，空虛就是模糊地感覺到了自己在精神上的匱乏。當然，這樣的人對自己的靈魂還是太不尊重，不肯花力氣把它充實起來，讓它得到滿足。

還有些人的靈魂處於更糟糕的狀態，不但是空虛，而且是卑鄙，什麼壞事都敢做，完全沒有做人的道德底線。所以，怎麼才是尊重自己靈魂的價值，我提兩條標準。一個是豐富，靈魂應該是豐富的，要有充實的內在生活，要具備從精神事物中獲得人生最大快樂的能力。另一個是高貴，靈魂又應該是高貴的，要意識到並且在行為中體現出做人的尊嚴，要有做人的原則。我相信，靈魂的豐富是幸福的源泉，靈魂的高貴是道德的基礎，一個人有豐富而高貴的靈魂，就能夠活得幸福而有尊嚴，也就是真正像人那樣活著。

總結一下，我所理解的人文精神，對個人來說，就是要活得真正像人，把自己身上那些最寶貴的價值實現出來，擁有健康、善良的生命，活潑、自由的頭腦，豐富、高貴的靈魂。

對於社會來說，就是要把人真正當人，尊重和保護全體成員的生命的權利、思想的權利和信仰的權利，為人們實現自己身上那些最寶貴的價值提供一個良好的環境。

03

人文精神和醫生的人文素質

我想通過這個題目來談一談我對人文精神的理解，聯繫一下實際談一談醫生的人文素質問題。但聯繫實際的這一部分我是很不自信的，因為我的觀察、我的體驗都很有限，而且往往是從病人的角度看，這個角度有它的片面性，我希望你們給我糾正。

什麼是人文精神？它的含義是以人為中心，以人為根本，以人為最高價值。我們的執政黨現在經常說「以人為本」，我想也是這個意思。簡單地說，人文精神就是要尊重人的價值，要把人當人來尊重。人身上有三種東西是最寶貴的，是人的價值的體現。第一個是生命，第二個是頭腦，第三個就是靈魂。具體展開來說，尊重人的價值就體現為對生命的尊重、對頭腦的尊重、對靈魂的尊重。

我自己認為，人文精神和醫學、醫生的關係是非常密切的。從人身上最寶貴的三個東西來說，與生命關係最密切的是醫學，與頭腦、靈魂關係最密切的是教育。但是，你們看，現在老百姓最痛恨的腐敗是什麼？當然也痛恨政府官員腐敗，但是最痛恨的還是醫療腐敗和教育腐敗，因為這兩個領域直接關係到老百姓的生命權和發展權。醫療的對象是生命，教育的對象是頭腦和靈魂，這兩個領域都是直接和人身上最寶貴的東西打交道的，本來是最需要有人文精神的。可是，今天我們看到的事實是，最需要有人文精神的這兩個領域，在中國恰恰是最缺乏人文精神的，這實在令人痛心。所以，醫院和學校請我講人文精神，我就特別願意，我覺得真應該向醫療和教育工作者大聲疾呼，當然光大聲疾呼還不行，我們還必須遵循人文精神來改變現在的醫療體制和教育體制。

下面我想分兩個部分來談，第一個部分就談一談人文精神和醫生素質的關係，第二個部分立足於人文精神來分析一下現在醫學和醫療界存在的問題。

第一部分，人文精神和醫生的人文素質

一、對生命的尊重：醫生要有善良的品質

生命是珍貴的，這個道理似乎誰都懂。一個簡單的事實是，每個人只有一條命，死了就不能復活，我相信醫生比任何人都清楚這個事實，對這個事實比誰都見得多。因此，一個理所當然的結論是，我們應當珍惜生命，關愛生命。

但是，就我們國家的現狀來說，普遍存在的是對生命的冷漠乃至冷酷。我是很少看報紙

的，隨便翻一翻，殘害生命的事件比比皆是，很觸目驚心。尤其是和生命有密切關係的領域，比如說我們的醫療，有很多病人的生命本來是可以挽救的，完全因為怠忽職守，耽誤治療時機，或者乾脆因為病人沒有交夠錢就拒絕治療，病人就死了。還有假藥、假醫療器械，到下級的醫院就非常多，再比如說前一段時間河南因為非法賣血造成愛滋病流行，還有偽劣食品、接連不斷的礦難等等。

我的一個強烈感覺是，現在我們這個社會太缺乏善良了、太缺乏同情心了。東西方的哲學家都認為，同情心是人性中固有的，它是人類社會全部道德的開端和基礎。一個人如果沒有同情心，孟子就說他非人也。一個社會如果普遍沒有同情心，這個社會也就不是人待的地方，完全不適合人在裡面生活。造成今天這種情況的原因很複雜，最重要的是體制，不良體制把市場搞亂了，結果腐敗滋生，老百姓遭殃。

面對醫生，我想強調的是你們一定要清醒，不要被這個環境敗壞，然後又去進一步敗壞這個環境。醫生的工作是以生命為對象的，與生命的關係最為緊密，因此，如果要談醫生的人文素質，第一個人文素質就是要對生命有同情心，要善良，善良是醫生第一要具備的品質，是醫生最基本的品質。我認為一個醫生不管他信仰什麼，首先都應該信仰生命，尊重生命，也就是說，應該是一個人道主義者。你可以是一個佛教徒，對生命懷有一種慈悲心；你也可以是一個基督徒，對生命懷有敬畏之心；如果你都不是，那麼你至少應該是一個人道主義者，以博愛之心去善待生命。這幾種態度只是形式不同，共同的實質是對生命的尊重。一個不是人道主義者的醫生，一個沒有基本的善良品質的醫生，不管他的醫術多麼高明，都不是一個夠格的醫生。

當然，我知道，做為一個醫生，目睹了太多的病痛，太多的生命的殘缺、生命的痛苦、生命的陰暗面，如果他多愁善感的話，那他是受不了的。一個有強烈同情心的醫生，他會承受很大的痛苦。所以，做一個醫生，神經必須很堅強，但是我想說，你的神經應該堅強，可是你的心腸萬萬不能變硬。最近我看了臺灣王溢嘉醫生寫的一本書叫《實習醫師手記》，裡面有一段話說得非常好。他說，在醫生面前，病人是完全不設防的，完全順從地交出自己，暴露自己，當時我就想，誰有權如此坦然地審視自己一個同類的痛苦呢？我沒有這樣的權利，卻被賦予了這樣的權利，這是我的劫難。那麼，我的選擇是，我為生命有這麼多痛苦和不幸感到悲憫和憤懣。就是說，雖然保持同情心會非常痛苦，但他仍然保持這種對生命的敏感性，寧願為此承受痛苦。

醫生經常接觸生命的陰暗面，時間久了的確是容易麻木的，但是我相信一個好醫生不會讓自己麻木。一個醫生對生命的態度直接關係到病人的命運，對病人來說，他的生命掌握在醫生手裡，尤其是當他的生命遭到威脅的時候，他來找醫生，他最後生命的結果是什麼樣，他完全是聽醫生來處置的。可能對醫生來說，這不過是他處理過的無數個生命之一、他要治療和面對的無數個生命之一，對病人本身來說，它卻是唯一的，是他的百分之百。如果發生了錯誤的治療，或者延誤了治療的時機，使得本來可以挽救的生命未能挽救，這對醫生來說也許只是他的醫療生涯中的一個小事故，對病人來說卻是萬劫不復，是全部生涯的徹底結束。所以，我希望醫生在面對病人的時候，多少還能保持一點設身處地的心情，完全設身處地當然不可能，但多少要有一點，情況就會很不同。

其實我是很少去醫院的，我可以講講自己的一個經歷。我寫過一本書叫《妞妞：一個父親的札記》，是寫我死去的第一個女兒的，她一歲半的時候死於視網膜母細胞瘤，我不能斷定這個病是醫院造成的，但是肯定是有關係的。妞妞的母親懷孕五個月的時候，有一天夜裡，發高燒到四十度，我把她送到她的合同醫院。當時只能看急診，在掛號後，那個內科的醫生不在，護士就讓我們到喉科去，說你先排除會厭炎。我們就又掛了耳鼻喉科，去看後沒有會厭炎，又回到了內科。

原先接待我們的那個護士換班了，剛才我們一直在等的那個醫生回來了，是一個中年女醫生。我帶著我的妻子向她介紹了一下情況，她一看說，你們是耳鼻喉科的病人，不是我這邊的病人，我不管。我給她看內科掛號單，說明我們還沒有看，她說我不管，你這病已經看過了，你別來找我了。她說不是已經診斷了，是咽喉炎，我說咽喉炎是耳鼻喉科的診斷，你從內科的角度給她看一下。她說診斷完了我不管了，然後她就再也不理我們了，無論跟她怎麼說，告訴她我的妻子是個孕婦，她都不理。這時候我的妻子臉漲得通紅，不停地咳膿痰、流眼淚，她看都不看一眼，若無其事地給別的病人看病。當時我就不知道該怎麼辦了，我也流眼淚了，只好帶著我的妻子走了，臨走時我說了一句話：「你不是人。」我心裡想，這也是一個會懷孕的女人嗎？對一個重病的孕婦，她竟然抱這樣一種冷酷的態度。

回家以後，妻子的體溫上升到四十點八度，趕緊送另一家醫院，也是處理不當，長時間透視，還拍了兩次X光片。後來我看書知道了，而且一些普通小醫院的黑板報上也寫著，孕婦不能照輻射，輻射的可能後果之一就是視網膜母細胞瘤。妞妞去世後，和這個悲劇有關，我們的家庭破裂了。

後來在我再結婚後，又遇到了一個很類似的情況。我現在的妻子也是在懷孕五個月時候發高燒，也是到了四十度，當時我就很慌了，趕緊把她送到三〇一醫院。醫生給她打了青黴素，打完後燒有點退了，我就把她帶回家了。回家後體溫又上升到四十度，我就把她送到離住處最近的一家醫院，是一個年輕的女醫生接待的，安排住了院。做青黴素皮試過敏，我說在三〇一打不過敏，可不可以從那邊拿藥，醫生說可以。我就與三〇一的醫生聯繫，那時候也沒有手機，只能用內科的電話，打了兩次也沒有聯繫上。這時旁邊的小護士說話了，說你打電話要記在我們內科的帳上的，不能再打了。我當時真不知該說什麼好了，就要求轉院到三〇一。那個女醫生不同意，接著她不知跑哪裡去了。

在這個醫院裡待了幾個小時，沒有任何治療措施，妻子的體溫在繼續上升，我心裡特別著急。我到醫生值班室，四五個年輕的醫生坐在那裡聊天，我請求她們趕緊給我辦出院手續，她們說病人不是她們管的。可是，管我妻子的那個女醫生怎麼也找不到了。萬般無奈之下，只好把妞妞的事情告訴了她們，我警告她們，再出事我肯定找你們算帳，她們這一聽才著急了，總算同意我們出院。

面對這些醫生，我當時的感覺是什麼？她們也是受過高等教育的，可是我完全沒有辦法用我熟悉的語言和她們說話。我熟悉的是什麼語言？就是人文語言呀，就是講人性、講道德，但她們聽不懂。所以我後來在一篇文章裡說，我不希望我們的醫科大學培養出的是穿白大褂的野蠻人。這類事情真的使我怕進醫院，讓我感到對醫院的恐懼要大於對疾病的恐懼，有了病寧願熬過去，能不上醫院就不上。所以說，醫生的人文素質，他對生命的態度，影響真是太大了。當然有許多很好的醫生，但不可否認，像這種對病人冷漠、對生命冷漠的醫生也不少。

這是我想講的第一個問題，就是醫生的人文素質第一條應該是同情生命，善待生命，應該有基本的善良，我覺得這是醫生必須具備的最起碼的又是最重要的人文素質。

二、對頭腦的尊重：醫生要有豐富的心智生活

人文精神第二個方面是對頭腦的尊重，對每個人來說，也就是要實現他自己頭腦的價值，要用他的頭腦，要發展他的頭腦固有的能力。頭腦有什麼能力？就是理性思維的能力，就是智力。人的智力素質最重要因素是什麼呢？我認為有兩個，一個是好奇心，一個是獨立思考的能力。

一個有頭腦的人，一個智力素質好的人，他一定是對世界始終保持好奇心的，始終有旺盛的求知欲的，始終喜歡用自己的頭腦進行獨立思考的。對這樣的人來說，智力的運用本身就是享受，從好奇心的滿足中，從知識的獲取中，從獨立思考中，他能感受到莫大的快樂。這裡我想強調一點，就是智力生活本身就具有一種價值，它滿足的是人的高級屬性，不應該用人的低級屬性的滿足也就是功利的尺度來衡量它。但是，在現實中，能夠始終保持智力活潑和敏銳的人並不多。我們可以看到一個現象，就是許多人在走出學校以後，基

本上沒有什麼智力生活了，不讀書，不學習，不想問題，只是在那裡謀生，把全部精力用來追求物質的東西，我覺得這是很可悲的。

那麼，從醫生的人文素質來說，我覺得這就是一個標準，就是看他能不能保持好奇心和求知欲，保持對知識的熱情，保持過智力生活的習慣。我認為優秀的醫生應該始終是一個學者、一個科學家，而不僅僅是一個憑著自己的經驗去治病的人。他始終是一個研究者，一個研究型的醫生，保持著探索事物、探索人體、探索疾病的強烈興趣。據我觀察，任何領域的優秀者都是一個終身學習者，那麼在醫學領域裡尤其應該這樣。

為什麼這麼說呢？我看過一本書，是美國醫學人文學家路易士．湯瑪斯寫的，叫《最稚齡的科學——一位偉大醫師的觀察》。就像書名所提示的，他把醫學稱作最年輕的科學，因為在二十世紀三〇年代以前醫學是不能治病的，它起的只是一個安慰作用，直到一九三七年磺胺藥發明了以後，醫學才真正能夠治病了，才成了名副其實的醫學。做為最年輕的科學，醫學中可以探索的空間太大了，醫生在這個領域裡工作真是大有可為。所以，我覺得一個醫生保持探索的精神是非常重要的。

不過，從人文素質來說，一個醫生僅僅讀專業書、探索專業問題還是不夠的，還應該有寬闊的精神視野、豐富的精神生活。其實，真是要用科學家的標準來衡量的話，局限在某個狹小專業領域裡的人不能算科學家，只能算是專家，而用愛因斯坦的話來說，專家不過是訓練有素的狗罷了。真正的科學家，比如愛因斯坦，往往是興趣面很廣的人，其實任何領域裡有大作為的人都是這樣。在我看來，這是很自然的，如果你是一個好奇心活躍的人、一個以思考本身為樂趣的人，你當然不會只對專業感興趣。尤其是醫生，你是和人打交道的，你自己必須首先是一個人性豐滿的人，才能夠對人性和人的心理有真切的瞭解。

那麼，從這個角度來看，我就很贊成前幾年陳可冀院士提出的一個想法，就是應該在醫生裡面提倡非職業閱讀。就是不要光讀專業書，興趣面和閱讀面都要寬一些，要多讀一些人文方面的書，包括哲學、文學、歷史方面的經典著作，這些東西是真正能夠薰陶人的心靈的。我曾經到南極生活過一段時間，有一件事使我感觸很深。在那個地方，有好幾個國家都建立了自己的考察站，每個站裡都有自己的醫生。俄羅斯考察站離我們的長城站不遠，我們去他們站參觀，見到他們的醫生，他的房間裡擺滿了書，醫學書有一小部分，大部分是文學書。他正在讀雷馬克的《西線無戰事》，談起雷馬克，他竟然熱淚盈眶。看到這種情形，你會感覺到，你面對的不是一個技術人員，而是一個真正的知識分子。我們站裡也有醫生，大部分閒置時間幹什麼呢？無非是聊天、打牌。這個對比真是令人感慨，這就叫作素質不同啊。

另外，我覺得醫生有一個特別好的條件，就是觀察人，研究人性。病人不僅僅是病人，病人首先是人，他有靈魂，有自己的生活。人在生病的時候特別容易表現出人性的各個方面，包括弱點和優點，每個人都不一樣，這裡面有非常豐富的關於人性的材料。如果你對觀察人有興趣，你真是有得天獨厚的條件。你還可以寫作，事實上有很多大文學家是從醫生的職業轉過來的，像我國的魯迅、郭沫若，俄國的契訶夫，原來都是醫生。當然，你不一定要當作家，但是不妨也養成寫作的習慣，美國很多醫生都有這個習慣，不是醫學寫作，完全是人文寫作，把自己在行醫生涯中的觀察、思考、體驗寫成書出版。

總之，我認為醫生應該有豐富的心智生活和精神世界，應該是精神富有的人，這是醫生應該具備的人文素質的第二個方面。

三、對靈魂的尊重：醫生要有高貴的靈魂

人的精神屬性，除了頭腦之外還有靈魂，我覺得靈魂與頭腦是有區別的。頭腦是一種思考能力，追求的是知識；靈魂則是一種精神的渴望，追求的是意義，人要活得有意義，有品位，有尊嚴。在一定意義上可以說，生命是人身上的動物性，頭腦是人身上的人性，而靈魂是人身上的神性，也就是超越性。因為人身上有這種神性的因素，有對生命的神聖意

義的追求，所以人是高貴的。我們現在對高貴這個概念已經很陌生了，大家都把金錢和財富看得最重要，沒有人去理會高貴不高貴，可是在古希臘、古羅馬，高貴曾經是最重要的人生價值。人是因為有靈魂而高貴，靈魂本來就應該是高貴的。所謂高貴，就是說在生活中、在你的行為中，你能夠意識到和體現出你身上的神性，意識到和體現出做人的尊嚴。

那麼，從這個角度來說，我覺得醫生的人文素質的第三點，就是要有高貴的靈魂。一個優秀的醫生不光是一個人道主義者、一個科學家，而且應該是一個知識分子。我說的知識分子並不是僅僅從事某種知識性的工作，知識分子首先應該是一個精神上富有、高貴的人，可以說就是精神貴族。我們以前批判精神貴族，其實精神貴族有什麼不好？精神賤民才不好呢，人在精神上應該富有、高貴，做精神富豪、精神貴族，真正可悲可恨的是物質很富有，社會地位很榮耀，精神卻十分貧乏低賤。現在人們討論知識分子的概念，特別強調他的社會責任感，知識分子當然要有社會責任感，但是社會責任感的動力和基礎是什麼？應該是內在的精神追求，是嚴肅的靈魂生活。一個沒有精神追求、沒有靈魂生活的人，他去關注社會往往是從功利出發的，他不可能有真正的責任感。所以，我覺得靈魂的高貴是更根本的，一個有高貴靈魂的人，他才可能有真正的道德感和責任感，才稱得上是知識分子。

我們說尊重人的價值就是要把人當人來對待，既把自己當人來對待，也把別人當人來對待。聽起來這好像很平常，其實才不容易做到呢，真正做到的人很少，只有心靈高貴的人才能真正做到這一點。比如醫生對病人的態度，真正以一種人文態度對待病人，把病人當人，這並不容易，但從這裡面就可以見出一個醫生的靈魂品質。實際上所有精神高貴的人有一個共同特點就是待人平等，越是精神高貴的人，他待人越平等，他知道做人的尊嚴，他自己有做人的尊嚴，同時他也會將心比心，尊重別人的做人的尊嚴。凡自尊者必定尊重他人，不尊重他人的人必定沒有自尊，因為他根本不知人的尊嚴為何物。其實，當一個人不把別人當人的時候，他也就已經是在不把自己當人了，他已經暴露自己沒有人的尊嚴和品質了。

把病人當人來對待，這在我們現在的醫院是一個特別應該強調的問題。本來這是一個簡單的道理，就是病人不是病，而是人，是有自己的情感體驗和尊嚴的活生生的個體。尤其在一個人生病的時候，往往是他最脆弱的時候，是他的尊嚴感最敏感也最容易受傷的時候。他進醫院的時候其實是很自卑的，帶著一種受判決的心情，有種種顧慮和擔憂，在這種情況下，醫生的態度就會對他產生巨大的影響。

當然，醫生自己往往意識不到，畢竟每天看的病人太多了，但是我還是想提醒這一點，就是你要記住，病人對醫生如何對待他是有非常敏銳的感覺的，你尊重他，待他親切和藹，他打心底裡感激你；你不尊重他，他的屈辱也會在心底裡藏許多天。一個人在受病痛折磨的同時，還在醫生那裡受氣，這個時候的心境真會沮喪到極點，真會覺得世界醜惡，人生毫無樂趣。相反，你真正善待他，那就可能不但挽救了他的生命，而且挽救了他對世界和人生的信心。可是，在我們現在的醫院裡，病人常常感覺到不被當作人對待的屈辱，這是許多人的經驗，我希望我們的醫生們能夠反省這個問題。

我本人認為，從整體上看，我們的醫生亟須加強人文修養，現在多的是片面技術型的醫生、平庸謀生型的醫生，少的是人文型的醫生。一個醫生只有自己具備了人性的尊嚴，他才會尊重病人的人性的尊嚴；自己是人性豐滿的人，他才會把病人當作一個有血有肉有感情的完整的人對待。

醫療絕對不僅僅是技術，它本質上是精神事業，醫生應該是有信仰的人。醫生不僅僅是一個職業，如果說是職業的話，它是一個神聖的職業，不只是一個謀生手段。在宗教裡面，行醫這個行為是神聖的，這無論在基督教還是在佛教裡都是如此。佛教中有藥師佛，他是如來佛的一個變身，佛同時也是行醫的。在《聖經．新約全書》裡，耶穌在顯示奇蹟時，最主要的方式就是行醫，治療痲風病人、瀕死的病人、重病人等等，實際上就是通過治病救人來傳播福音，堅定人們對上帝的信仰。

西方有很多人是為了信仰而行醫的，最典型的一個例子就是法國的諾貝爾和平獎得主史懷哲。這個人我覺得是非常偉大的。他是一個很有才華的人，在三十歲的時候已經是哲學博士、神學博士，在史特拉斯堡擔任神職，同時他又是一個音樂家，研究巴哈的權威。應該說，這時候他已經取得了非凡的成就。但是，他給自己定了一個目標，他說我在三十歲以前要做自己的事情，從三十歲開始我就要為他人做事，要傳播上帝的愛，傳播基督的愛。但是到底做什麼呢？有一天他看到報導說非洲人民非常苦，完全沒有醫生，他立刻決定去非洲當醫生，把行醫當作實踐信仰的最好方式。他從來沒有學過醫，從三十歲開始，他用了八年時間攻讀醫學博士學位，到三十八歲拿到醫學博士學位後，他就到現在加彭共和國的一個小地方辦了一個診所，一輩子在那裡看病。他是長壽的，活到了九十歲，在那裡行醫五十多年，他把行醫完全看作一個精神事業，是在拯救生命的同時傳播上帝的愛，實際上就是在鼓舞非洲窮苦人民對世界和人生的信心。

我想我們的醫生倒不一定像他那樣信基督教，但一定要有信仰，這個信仰不是某種宗教，而是對自己責任的一種信念，就是要通過行醫來解除人們身體上的痛苦，通過行醫的人性化方式來增添人們精神上的信心，從而使世界變得更美好。如果這樣做，也就是在為信仰而行醫了。

第二部分，批評現代醫學的非人性化傾向

上面我從人文精神的角度談了我認為醫生應該具備的人文素質，總起來說是六個字：善良、豐富、高貴。善良，就是對生命有同情心，醫生應該是一個人道主義者。豐富，就是有活潑的智力生活和豐富的心靈生活，醫生應該是一個學者、科學家。高貴，就是有尊嚴、有信仰、有社會責任感，醫生應該是一個知識分子。下面，我想從人文精神出發談一談醫療界的現狀。

實際上西方醫學人文學對於現代醫學是有很多反思的，集中到一點上，就是認為現代醫學有一種非人性化傾向。這種傾向主要表現在兩個方面。一個是技術化，就是治病不治人，把病人看作病的載體、醫療技術施與的對象，而不是看作人。我剛才提到的路易斯．湯瑪斯，他在那本書裡對這一點也有精闢的闡述。他說從一九三七年發明磺胺藥以後，醫療技術突飛猛進，有了很大的發展，但也造成了一個問題，就是醫學的非人性化。他舉例說，以前醫生給病人看病有兩種最常用的辦法，一個是觸摸，一個是交談。

這兩種方式是很人性化的，病人感覺你把他當成人，不嫌棄他，關注他的感受，醫生和病人之間有一種比較親切的關係。可是現在呢，只有最好的醫生才會這樣做，絕大多數醫

生都不這樣做了。我想，他說的「最好的醫生」當然不是在技術意義上說的，而是在人格意義上說的，指那些有人文修養、有人情味的醫生。那麼，在那以後，人性化的醫患關係被什麼代替了呢？被複雜的機器和技術代替了。現在病人到了醫院以後，醫生根本不碰你，也不和你談話，簡單問幾句，就給你開一堆化驗單、檢查單什麼的，讓儀器和機器去診斷。如果住院，情況好不了多少，醫患之間也很少有交流，住院病人基本上成了一個號碼。

我覺得我們的醫院還有一個問題，就是病人與親情隔離。現在有的醫院允許家屬陪同了，但多數醫院仍執行嚴格的探視制度，探視時間非常有限，住院跟坐牢差不多。實際上病人很容易感到孤獨，是最需要親情的，何況中國的醫院在護理方面相當粗糙，病人還常常需要親屬的照顧。我現在的女兒是在協和醫院出生的，早上五點鐘生出來後，我在手術室外的走廊上匆匆看到一眼，然後醫生就請我走了，不讓我進病房。我妻子是剖腹產，麻藥過去了很疼的，非常需要有人陪伴和照顧。可是，她不但沒有人照顧，她自己還要照顧剛出生的孩子。直到那天下午的規定時間，我才被允許探視，她說那一天她不知道是怎麼過來的。我覺得把產婦、孩子與做丈夫、父親的隔離開來，這樣的規矩很不人道。

在病人身上只見病不見人，把病人只看作施展技術的對象，不是人文關懷的對象，這是現代醫學非人性化的一個方面。那麼，針對這個問題，西方醫學人文學強調，醫學不僅僅是科學，更是人學，醫生所面對的不僅僅是病，而是做為整體的一個完整的人。因此，應該確立以患者生活為中心的治療目標，使病人在生病的時候仍然能夠過正常的人的生活，一種健康充實的生活。

現代醫學非人性化的另外一個表現是市場化。如果說技術化是治病不治人的話，那麼市場化就是認錢不認人，把病人和治病僅僅看作消費的主體、賺錢的機會。醫院、製藥商、廣告商組成利益共同體，誘導醫療消費，製造保健市場，導致醫學邊界無限擴張，醫療負擔加重。與此同時，弱勢群體缺乏基本的醫療保障，備受庸醫的危害。針對這一點，西方醫學人文學強調，醫學是公益事業，醫療權是基本人權，應該健全醫生責任和病人權利的立法，對於醫療權從法律上給以切實的保障。

在這一點上，我想中國目前的情況極其嚴重。我們國家以前是醫療特權化，認權不認人，老百姓和有權者的醫療條件簡直天差地遠，這個問題也許比以前有所好轉，現在至少你有錢的話可以買到較好的醫療服務。但是，現在市場化的問題產生了，而且問題是無規則的市場，官商勾結、醫商勾結，把市場搞亂，普通百姓的醫療權受到嚴重侵犯。現在看一個普通的小病往往也很貴，醫院給你開很貴的藥，使勁擴大你的醫療消費。醫院從創收出發，創收成為主要的考慮，病人治病的真實需要不予考慮或者只是很次要的考慮。有的醫院完全是認錢不認人，公然見死不救，即使你病得快要死了，本來立即採取措施是能夠救活的，但是只要你沒有交錢，那麼對不起，我不接收，結果就是死亡。這樣，弱勢群體實際上被排除在了醫療服務之外，根本看不起病，最後他們落到了誰的手下？庸醫、偽劣藥品，他們只能靠那些。現在中國的老百姓苦啊，苦在兩個地方——教育和醫療，尤其是廣大貧困農民，對他們來說，家裡供一個孩子上大學，這個家基本上就垮了，家裡出了個重病人，這個家也基本上就垮了，是這樣一個情況。因此，在農村的一般人家，誰要得了重病，為了不拖垮這個家，本人基本上選擇不治，除了等死沒有別的出路，醫療權做為基本人權被剝奪到了令人髮指的地步。

現在在中國，看病難，看病貴，藥價虛高，醫療腐敗，這些問題已經成為公害，報紙上陸續揭露了不少，觸目驚心。為什麼會出現這樣的情況？我根據資料歸納了一下，原因大概有幾點。

最原初的原因是政府投入嚴重不足，迫使醫院走市場化的道路。政府投入不足這個問題很有趣，在中國，一個是教育，一個是醫療衛生，政府的投入在財政預算裡面占的比例屬於全世界最低之列，與發達國家相比不用說了，與絕大多數發展中國家比，中國在教育和醫療上的投入也都是偏低的，屬於後面幾名，不禁令人想問一下政府的人文素質。政府投入的不足，開啟了這些年學校和醫院市場化的閘門。從二十世紀九〇年代開始，政府大幅度減少公立醫院撥款，據現任衛生部部長（二〇〇六年，高強）說，政府撥款僅占醫院總收入的七％～八％，其餘靠醫院自籌。那麼醫院怎麼來籌呢？只有從病人身上拿。政府給醫院對藥品加價一五％的權力，那麼醫院給病人開藥越多越貴，從藥費中得到的收益就越多，於是醫院在運作的時候給科室下指標，讓科室分成，刺激醫生多開藥開貴藥，這樣形成了一個以藥養醫的格局，最後的負擔實際上都落到了老百姓身上。據統計，在二〇〇四年醫療衛生的總費用中，政府支出占一六％，老百姓占五五％。

另一個很重要的原因是藥品審批部門的腐敗。杭州一家醫院的院長談到，按正常程式，一、二類新藥的審批手續費用是人民幣四萬八千元，批文的評審過程至少要五年，而現在審批一種新藥快則一個星期，最多幾個月就出來了。費用是多少呢？原先是四萬多元，現在是幾百萬到上千萬元。二〇〇四年，國家藥監局受理了一萬零九種新藥申請，同年美國同類機構只受理了一百四十八種。哪裡有這麼多的新藥？而且都審批通過了！無非是老藥新包裝，換個名稱，然後把價格翻許多倍。藥物審批部門的腐敗十分嚴重，去年（二〇〇五年）國家藥監局醫療器械司和藥品註冊司的司長都被抓起來了。

再有一個原因是藥物流通領域嚴重腐敗。藥廠生產這麼多老藥翻新的貴藥，都要推銷出去，同時醫院又有創收的需要，於是雙方互相配合。通常的作法是，藥廠派出或雇用大量所謂的醫藥代表，有人統計全國有兩百多萬人，這些人到醫院推銷藥，手段是層層給回扣。對醫院和醫生來說，藥價越高，加價和回扣就越多，利益就越大，所以貴藥反而容易銷出。有這樣一句話：一個醫藥代表腐蝕一座醫院。有人形容說，從藥廠到開處方的醫生，形成了一條集體腐敗的食物鏈，當然被吃的是病人，同樣效果的藥到了病人手上，價格不知翻了多少倍。在這種情況下，農民和大量低收入家庭根本看不起病，又有什麼奇怪呢。醫療和教育都是基本人權，是社會公正的重要方面，而現在這兩個領域的情況十分相似，都是政府財政投入過少，都是放手把公益事業推向市場化。目前的所謂市場化，實質上是具有壟斷地位的公立醫院和學校通過不正當競爭獲取高額利潤。去年世界衛生組織對醫療衛生籌資和分配的公平性進行排序，在一百九十一個成員國中，中國的排序倒數第四，醫療不公平的問題已經嚴重到了必須立即解決的地步。主要責任當然在政府，解鈴還須繫鈴人，政府應該採取有力措施，確保醫療體制在整體上回歸公益性，同時懲治醫療腐敗。但是，不可否認，這些年的醫療市場化過程對於醫生的人文素質是一個檢驗。在同樣的體制下，有的人利用體制的弊病大肆牟利，有的人比較能夠自律，有少數人挺身而出與腐敗做鬥爭。總的來說，我認為檢驗的結果並不理想，證明我們的醫生的確大有必要提高人文素質。

現場互動

問：您的著作當中，一個清晰的主題是您對生命的珍愛和對生命意義的思考，您又是我國著名的尼采專家，尼采在一般人心目當中似乎是一個悲觀主義哲學家，對人生有一種悲劇的或悲觀的態度，我們對尼采的這種印象是否是誤讀？您能不能素描一下尼采？

答：說尼采是悲觀主義者，這可能有一定的誤讀。尼采的哲學是從叔本華那裡發展來的，叔本華是一個地道的悲觀主義者，他對生命的意義是完全否定的。尼采提倡一種悲劇哲學。悲劇哲學和悲觀主義哲學是有區別的，雖然出發點也是生命的無意義，就是大自然本身沒有給生命提供一個意義，但強調的是靠人的強大生命力來戰勝生命的無意義，給本無意義的世界和人生創造一種意義。我覺得尼采的取向與我今天講的是基本一致的，他最重視兩個東西，一個是健康的生命本能，另一個是高貴的精神追求，而高貴的精神追求根源於健康的生命本能。尼采反對同情，認為這是弱者的道德，在這一點上他有些偏激，我同意他對自強的強調，不過我認為自強並不妨礙對他人生命的同情。

問：尼采的悲觀主要表現是什麼？

答：從尼采認為世界和生命本無意義這一點來說，他是悲觀的。從他認為人應該且能夠為生命創造意義這一點來說，他又是積極的。不妨說，他的悲劇世界觀是一種積極的悲觀、一種悲觀的積極。

問：您如何理解靈魂深處的孤獨？

答：這是一個很有詩意的題目。我覺得，一個人的靈魂只要足夠深刻，就會發現那藏在靈魂深處的東西就是孤獨。他會發現，人世間的一切都是有限的，他面對的是無限的虛空。這是一種大孤獨感。當一個人經歷重大苦難的時候，這種大孤獨感就會突現。我寫過一篇文章叫〈人人都是孤兒〉，裡面就講了這麼一個意思，就是我們每一個人在這個世界上好像有父母有朋友等等，有這樣那樣的人際關係，但是，在真正的苦難面前，每一個人都是孤獨的，你只能自己承受。一個最簡單的例子是死亡，每一個人只能自己去面對和承受死亡，在這個時候，父母、兒女都幫不了你。從這一點來說，人在本質上是孤獨的。

問：我讀了您的《妞妞：一個父親的札記》，做為一個母親我深深為之感動，這件事情是很不幸的，非常同情您。但是經過了這件事，您是不是對醫生有成見？我做為醫生十多年的經驗表明，或多或少我們都付出了一些情感，或者我是憐憫他，或者我是尊重他，但是有的時候必須站在理性的一面，因為有一些治療是非人性化的，對一般人來說是接受不了的。我不知道您心目中完全人性化的醫生應該是什麼樣子。

答：我對醫生是沒有抱成見的，我相信有很多醫生是有人情味的。我也知道醫生不能光靠有人情味，這個東西不能治病，治病還是要靠理性、技術、醫學。但是，我認為現在醫生和病人的關係確實比較緊張，醫生對病人比較冷漠，這種情況相當普遍。我反對技術化當然不是反對技術，技術總是要的，我反對的是「只有技術，沒有人文」。有一些治療手段雖然殘酷，會對人體造成很大損傷，但為了治病必須採用，這不屬於我所說的非人性化。

問：什麼叫出世和入世？

答：出世和入世的「世」，是指我們生活在其中的這個功利世界，那麼，入世就是很投入、很在乎，出世就是超脫乃至捨棄。入世也有不同的情況，有的是在乎小功利，謀個人的私利，有的是在乎大功利，謀社會的公利。我想，做為一個正常人，終歸是要入世的，入世終歸是基本的狀態。但是，最好在心態上還是有出世的一面，我自己反正是這樣的，在投入的同時與我的外在生活保持一個距離，就是站在比較高的位置上，從人生啊、宇宙啊的大背景去看自己經歷的事情。如果你能夠常常站到一個大背景下去看世俗生活中的沉浮，就會有比較豁達的態度。總之，把入世和出世結合起來，在入世的同時保持出世的心態，我覺得是最好的狀態。

問：我經常在想，物理世界是運動的，宇宙是運動的，那麼從精神世界來說呢，我們的思想是運動的，哪怕是在睡覺的時候，也還在做夢，那可以得出一個結論說，精神也是在運動的。死亡的時候，我們的肉體也在運動，轉換成其他的形式存在，那麼有什麼理由說，我們的精神卻突然終止了呢？

答：我不知道怎麼樣用科學來解釋，人死了以後，人的精神也好，人的靈魂也好，它的去向。我覺得科學無法解釋這一點。你剛才講的那個推論，由死後物質的身體轉化成另外的形式推出精神也轉化成另外的形式，這是一個類比、一個假設，對此我們無法證明。按照唯物主義哲學來講，精神不過是物質的一種功能，思維不過是我們頭腦的一種功能，隨著物質的解體，它的功能也就不存在了。我本人不相信這樣的解釋，不相信靈魂只是肉體的功能，沒有肉體靈魂就不存在了。但是，我也不敢相信肉體不存在後靈魂還存在，我沒有親歷這方面的證據。現在有很多舉證，比如說瀕死體驗、死後復活、前世記憶，但這些東西我只能姑妄信之，沒有辦法判斷。我只能說，我希望靈魂是存在的，它不會隨著肉體的死亡而死亡。我只能希望這樣。

問：近一百年來，在中國歷史上沒有產生大的自然科學家，也沒有產生大的哲學家，您認為在未來的幾十年，中國是否會產生大的哲學家？

答：我的回答是不會，我對這個前景是比較悲觀的，因為我覺得中國文化如果不改變這種實用性的品格，就不會有希望產生文化領域的大師。中國文化注重的是人和人的關係，而哲學的大師不是靠注重人和人的關係能夠產生的。哲學思考的是宇宙和人生的根本問題，如果沒有一個思考根本問題的傳統和氛圍的話，大哲學家肯定是產生不出來的。德國有這樣的傳統、這樣的氛圍，所以產生了那麼多大哲學家。大師的產生需要土壤，這種文化土壤我覺得我們現在還不夠。所以，我現在特別想做的，就是呼籲改變我們文化的實用性品格，尊重精神本身的價值，不要那麼實用主義，那麼，也許我們的下一代、下下一代有希望。

問：聽您演講真是一件愉快的事情，可以使人產生長久的共鳴。我雖然是一名醫生，但我從小喜歡歷史和哲學。我常產生孤獨和憂鬱感。我喜歡一個人在大海邊、山上享受寧靜。

請問，優秀的大師是不是都是孤獨的？

答：優秀的人都有孤獨的一面。孤獨的概念有兩個理解：一個是不被別人理解，因為優秀的人，他走在前面，跟得上他的人比較少；另外一個是，優秀的人對孤獨的體驗更深刻，從孤獨中體驗一種美、一種跟天地的交流。其實，人際關係往往會妨礙這種體驗，比較優秀的人大概更願意獨處，與人際關係遠一點。所以，你的表現也許是一種優秀的徵兆。

問：在聽您的課之前，我是一個比較有優越感的人，但聽了您的課後，我覺得自己渾身都是毛病。請問，您認為獨立思考的培養需要哪些條件？

答：其實，我因為自己渾身都是毛病，才總結出了這麼多。我只是給自己提出了一個努力的方向，只是覺得人應該這樣做，並不是我已經做到了。如果按這個標準衡量的話，我們每個人都有毛病。關於獨立思考能力的培養，我覺得需要外部條件和內部條件。從內部條件來說，需要一定的天賦。愛因斯坦說過：「獨立思考的能力是大自然不可多得的恩賜。」當然任何人都可以培養，那麼這是一個能夠培養到什麼程度的問題了，在這方面出眾的人是必須有一定的天賦的。另一個是外部的條件，外部條件我認為最重要的是教育，當然是好的教育，所謂好的教育就是能夠給獨立思考提供一個自由環境的教育。

問：按照您的說法，靈魂本來是高貴的。但哲學上有人性本善和人性本惡的不同說法，不知道您認為哪一種是對的？如果是後天培養的話，您認為高貴的靈魂應該如何培養？

答：我講的靈魂高貴好像不牽涉人性善惡的問題。哲學家們講人性惡，實際上指的是人的生物性，講人性善實際上指的是人的社會性，而我講靈魂的高貴指的是人的精神性，我覺得與人性善惡問題的所指不同。

問：我從讀您的《守望的距離》等書當中體會最深的，就是一種特別寧靜的指向內心的感覺。我今天想提兩個問題。第一，您今天從三個方面闡述了醫學與人文精神，我想問這個跟我們所追求的真、善、美之間的關係。第二個問題，對資本主義階段中的異化現象，即人的需求和經濟的發展是矛盾的，這個您怎麼看，並且怎麼解決它？

答：真、善、美通常是對精神價值的一個概括，相對應於人的精神結構中的三個方面，就是理性、意志、情感。那麼，我講的人文精神的三個方面，後兩個方面就是談精神價值的。其中，頭腦就是理性，追求的是真；靈魂實際上包括了意志和情感，靈魂的高貴相當於意志，追求的是道德和信仰，也就是善，而靈魂的豐富相當於情感，追求的是美。關於異化問題，我認為馬克思的異化理論肯定是有道理的，就是在資本主義條件下，進步同時也是退步。不過這個問題比較複雜，比如說，如果資本主義是指市場經濟，那麼市場經濟這個東西究竟是暫時的還是永恆的？人類能不能不要市場經濟？如果是永恆的，異化就不僅僅是資本主義條件下的現象了。經濟的發展導致了人類生活方式的巨大變化，這個變化亦好亦壞，帶來了許多新價值，也毀掉了許多老價值，我覺得這種情況恐怕是無法避免的。

問：周老師，您的講座使我很受觸動。我想問的是，在您受尼采這些哲學家的影響之前，在您的童年您都思考什麼？您受他們的思想影響，那是不是可以說他們的靈魂在您的身上延續了下去呢？在您死的時候，您的思想會不會在聽了您講座或者看過您書的這些人身上延續下去呢？因為這個您會感覺很平靜嗎？

答：我不是因為讀了尼采等人的著作才開始思考的。我覺得，我後來走的路跟我小時候的性格關係非常大，我小時候非常敏感又比較內向，早就有了對人生的困惑，這類問題常常悶在心裡面，自己慢慢想。比如說死亡問題，當我知道我自己也會死的那一天，我受的震動太大了。我不認為尼采的思想在我身上延續或者我的思想在別人身上延續，我覺得每個人都是一個獨立的思考者，一個人思想的真正形成主要不是來自其他思想家的影響，而在很大程度上是自己的經驗造成的，包括內在經驗，不光是一種經歷，而是一個人性格所造成的他的內心體驗，這種東西我覺得也是非常重要的。比如說尼采，在很大程度上他是把我自己的東西啟動了，啟示了一種表達方式，但感受是我自己的。我相信，凡真正能提出自己的思想的人，他自己的感受是最重要的，如果沒有這個基礎的話，外來的影響其實起不了多大的作用。

問：對我們年輕的醫生來說，怎麼樣才能培養良好的人文素質？

答：我提兩點建議。第一點就是讀書，要養成讀閒書的習慣。要讀大師的作品，讀哲學、歷史、文學的名著，這是一個很好的途徑。第二點，我覺得醫生的職業是很好的，它可以接觸人性的很多祕密，因為病人在醫生面前是不設防的，人性在關鍵時刻的表現，醫生都能看到。所以，你除了給病人治病以外，你還可以觀察病人，和病人交流，各種不同的人在得各種病的情況下的各種表現，你都注意觀察，這是一個觀察人性的特別好的機會。你看，美國很多醫生都有這樣的寫作愛好，喜歡寫自傳，寫醫療生涯中一些難忘的東西，這是一個好習慣。很多醫生最後都成了作家，我想這不是偶然的。我建議你們經常記一點東西，養成寫筆記、札記、日記的習慣。這會推動你們進行觀察和思考，有寫東西的習慣的人，他的感官和頭腦是經常處在活躍狀態的。

04

人文精神與教育

第一部分，教育的目標是實現人的價值

對於學生，我想從人文精神的角度著重談一談我對教育的理解。同學們一路拚搏，終於進了大學，當然都是抱有一定的目的的。究竟要達到什麼目的呢？為什麼要上大學？想從大學得到什麼？可能許多同學最主要的目的是要拿到文憑，有比較高的學歷，當然也要學到一點知識，這些都是謀職的資本，然後能夠找到一個好的工作。抱著這樣的目的，我覺得無可非議，但還遠遠不夠。

如果只有這一個目的，你就僅僅是受了職業培訓，不能算是真正受了大學教育。如果大學僅僅做到這一點，大學也只是起了一個職業培訓場所的作用，不能算是真正的大學。但是，這正是我們今天大學的現狀。我認為中國教育現在的一個嚴重問題就是太急功近利，大學基本上成了職業培訓場，這當然不是學生的問題，而是體制的問題，這種體制使大學變成了職業培訓場，迫使學生也把職業培訓當成了上學的主要目的甚至唯一目的。那麼，怎樣的教育才是合格的教育呢？

我認為這就要從人文精神來談了。

現在許多人在談教育的理念、大學的理念，在我看來，這個理念應該就是人文精神。人文精神是教育的靈魂，它決定了教育的使命、目標和標準，沒有人文精神，教育就沒有靈魂，就是徒有其表的教育。當今教育的種種問題，歸結為一點，實際上就是人文精神的失落，而且失落得相當全面。

什麼是人文精神呢？我理解的人文精神，簡單地說，就是現在人們經常說的「以人為本」。也就是說，要把人放在最重要的位置上，要尊重人的價值。具體到教育上，就是要把人身上的那些最寶貴的價值通過教育實現出來，一種合格的教育就應該是把學生身上那些人之為人的價值放在最重要的位置上的，應該是能夠讓學生把這些價值實現出來的。教育就是育人，就是要把學生培育成真正的人，亦即人的寶貴稟賦都得到發展的人，而不是僅僅能夠滿足社會上、市場上某種需要的人。簡要地說，人文精神的核心是尊重人之為人的價值。與此相應，教育的根本使命就是要實現人之為人的價值。

那麼，人身上到底有哪些價值是最寶貴的，是人文精神所尊重的，因而是教育應該促進它們實現的呢？我認為人有三樣東西是最寶貴的。第一個是生命，生命對每個人來說都是最寶貴的，沒有生命其他一切都談不上。第二個是頭腦，人是有理性能力的，有智力活動的。

第三是靈魂，人是有精神需要、精神追求、精神生活的。所以，與這三樣東西相應，為了實現這三樣最寶貴的東西的價值，我們就有相應的教育項目。現在與生命相應的教育是體育，我認為範圍狹小了一點，應該擴大，成為生命教育。可惜生命教育這個詞沒有辦法簡稱，簡稱就成了生育，比體育還狹窄，成了光教你生孩子了。針對頭腦的教育，我們有智育，就是智力教育，這個詞很準確，但我們現在的作法有問題，我下面再講。

相對於靈魂來說，我們有德育，就是道德教育，我覺得還不夠，應該加上美育，也就是審美教育。德育和美育都是靈魂教育，如果說德育的目標是靈魂的高貴，那麼美育的目標是靈魂的豐富。因此，我認為在學校裡應該有這樣四種教育，就是生命教育、智力教育、道德教育和審美教育。

一、生命教育：實現生命的價值

首先談一下生命教育。生命教育包括體育，但體育只是生命教育的一個部分。體育就是身體教育，以健康的身體為目標。如果一個人只是身體健康，體格強壯，卻不懂得熱愛生命、尊重生命、享受生命，健康有什麼意義？所以，我主張把體育擴展為生命教育，生命教育的目標是培育對生命的尊重。

生命是最基本的價值，我想這一點是毫無疑問的。人只有一次生命，這個生命是他一生中所有其他價值的基礎。有一個學校開展生命教育，請我題詞，我題了三句話：「熱愛生命是幸福之本；同情生命是道德之本；敬畏生命是信仰之本。」一個人只有熱愛生命，對生活充滿興趣，才有可能感到幸福。那種生命力乏弱的人、心如死灰的人，是不會有什麼事情能讓他開心的。同情生命是道德之本，這是中西哲學家的共同看法，人類的一切道德都發端於同情心，都建立在同情心的基礎之上。對生命懷有敬畏之心，因為生命的奇妙而相信它有著神祕的來源，這是有信仰的人的共通感情。信仰的本質就是相信生命具有某種神聖的性質。無論你信基督教、信佛教，還是什麼教也不信，如果你對生命的神祕性有一種領悟，你可能就是一個有信仰的人。

那麼，怎樣才算尊重生命呢？我想，一個是要珍惜自己的生命。現在學校裡屢屢發生中學生、大學生、研究生自殺的事件，當然這裡面有社會的原因，包括現行教育體制的問題、應試教育的壓力、生存的壓力等等，但也有學生自己的原因，就是把生命看得太輕，一時想不開就結束了自己的生命。尊重生命還包括應該享受生命，上帝給了你唯一的一次生命，幹嘛不享受啊。從某種意義上說，享樂主義是正確的，活著時不行樂，以後就再沒有機會了。生命本身所具有的欲望都不是罪過，禁欲主義是完全違背人性的。有健康的生命本能，能夠感受到生命的樂趣，這是人生的強大動力。

比如說戀愛，我覺得戀愛就是一種推動人向上的動力。我讀初中時暗戀一個女生，使勁在她面前表現自己，為了讓她佩服我，畢業時我報考上海最好的中學，就是上海中學，結果考上了。我上大學時，大學生是不准戀愛的，這真是沒有道理。當然更不准發生性關係，這種事如果被發現，就必被開除學籍。現在大學生在這方面已經很自由了，不過太自由也有弊病，你可能沉湎在花前柳下，革命意志衰退。所以說我不反對及時行樂，關鍵是行怎樣的樂。快樂有層次的高低，有些人往往沉溺於較低層次的快樂，從來不知道高層次的快樂是什麼，真正的享受生命應該更注重高層次的快樂。另外我還想強調，尊重自己的生命，最重要的是要有對自己的生命的責任心，有意義地度過一生。

在尊重自己生命的同時，當然也要尊重他人的生命。剛才我說了，同情心是道德的開端和基礎，一個沒有同情心的人是不可能講道德的。在現在社會上，同情心是越來越弱了，善良成了一種稀有品質，這是很可悲的。不但在社會上，在大學裡，諸如殺人這樣的惡性案件也越來越多，包括聳人聽聞的馬加爵殺人案，最近還發生了復旦學生虐殺流浪貓的事，表現出對生命的冷漠甚至殘忍。

所以，我覺得，在學校裡開展生命教育，把生命教育做為最基本的人生觀教育，不但很有必要，而且十分迫切。如果學校裡培養出的人不愛生命，沒有人性，無疑是教育的最大失敗。教育的第一個目標，應該是使學生成為熱愛人生的人，同時也是善良的人。生命教育如何開展，還需要好好研究，基本內容應該是引導學生善待自己的生命，由此推己及人，善待一切生命。

二、智力教育：實現頭腦的價值

第二點是智育，就是智力教育。智育是學校教育的主要任務，學生在學校裡的大部分時間是在接受知識方面的教育，所以我對這個問題要著重談一談。

智育的目標是實現頭腦的價值。現在對智育流行一種狹隘的理解，就是把它僅僅理解為知識的灌輸，甚至歸結為考試的分數、職業的技能。頭腦的真正價值不在這裡，你這樣做只是把寶貴的頭腦當成了一個容器、一個工具。智育的真正目標應該是讓學生的智力得到健康生長，鼓勵和培養他們對智力生活的愛好，使他們懂得享受智力生活的快樂。

在人的智力品質中，第一重要的品質是好奇心。人類所有智力活動的形式，比如哲學、科學，都是從好奇心開始的。好奇心是天生的，每個人在智力生長的一定階段都會顯現出來，實際上是一個人的理性覺醒的朕兆。從我的孩子身上，我就看到了這一點。在很小的時候，她就會問很多讓人很意外的問題，問得最多的是五歲的時候，還沒上小學，上小學後這樣的提問就少一些了。所以我認為，從幼稚園到上小學，孩子的哲學水準是下降的，大約因為越來越接受老師給的現成答案了吧。你們聽聽她五歲時都問什麼樣的問題。有一段時間，她經常說我不想長大，又說要是沒有時間該多好呀，我估計她是知道了人長大就會變老，她不願意變老。那些天裡，她就老問什麼是時間、時間是怎麼回事，我怎麼跟她講得清楚。但她自己在那裡琢磨，有一天她說：「我知道時間是怎麼回事了，時間是一陣陣過去的，譬如說剛才我說的那句話，剛才還在，現在不在了，想找也找不回來了，這就是時間。」她知道時間一去不返的性質了。還有一回，她問媽媽：「世界的外面是什麼？」媽媽隨口說：「那還是世界吧。」她不滿意這個回答，想了一會兒，就說：「世界的外面是世界的下一曲。」她聽CD，一曲完了還有下一曲，她用這個比方說明世界是無限向外延伸的。

還有一回更神了，她問我：「爸爸，在世界的另一個地方會不會有另一個我？」我一聽就毛骨悚然，趕緊打岔說：「可能吧，說不定你還會遇到她呢。」我是不想讓她想這個問題，沒想到她聽了很生氣，說：「不會的！」然後轉過臉對媽媽說：「有一天，你老了以後，在世界的另一個地方又會生出一個人來，那個人跟你長得完全不一樣，但她就是你。」

她說的是輪迴啊。你們不要以為她是受了我的影響，實際上我非常小心，從來不向她談這些大問題，這些問題都是在她頭腦裡自發產生的。

有一本書的書名是《孩子是個哲學家》，我完全相信這個論斷。你們為人父母之後，留意一下，肯定有一段時間孩子會提大量的這樣的問題。現在大人對待孩子這樣的提問一般是三種態度：一種是置之不理，一種是頂回去，還有一種是自以為聰明地給孩子一個簡單的回答。這些作法都很粗暴，其實所有的哲學問題都是沒有答案的，對待孩子這種提問的最好辦法就是鼓勵孩子繼續想。我在這種情況下往往這樣說：「寶貝你提了一個特別好的問題，可是爸爸回答不出來，我們一起慢慢想。」我覺得孩子的這種好奇心特別可貴，一定要鼓勵和保護，絕不能挫傷它。

好奇心是非常可貴的，但也很容易被扼殺和磨滅掉。在我看來，好奇心有兩個最大的敵人。一個是習慣，往往是隨著年齡的增長，對一些事物見多了，習以為常了，就自以為懂了，其實哪裡是懂了，不過是麻木了罷了！真要你講出其中的道理，就講不出來了。好奇心還有一個更大的敵人，就是功利心。出於好奇心提的問題大多是無用的，但是關係到人的理性和靈魂，我們往往因為它們無用就認為它們沒有什麼意義，就把它們 pass 掉，這種功利心不知道扼殺掉了多少好奇心！我覺得我們的教育就存在這個問題。愛因斯坦曾經感歎說，

「我們的教育沒有把人們的好奇心完全扼殺掉，這簡直是個奇蹟。」他那個時候的教育還不太功利，就已經發出這種感歎了，在我們現在這種應試教育體制下，好奇心的保持就更難了。

不光是教育，我們的整個文化都有這個毛病，就是實用性，無論對什麼事情，首先就問有沒有用，沒有用就不要去做。我看過一個笑話，我覺得編得很有意思。在一個國際夏令營裡，老師讓孩子們討論一個問題，題目是「世界糧食匱乏問題」，孩子們都不明白這個題目，但原因不同。

美國孩子問：「什麼是世界？」他太狂了，美國就是一切，不知道美國之外有世界。非洲孩子問：「什麼是糧食？」他太窮了，沒有見過糧食。歐洲孩子問：「什麼是匱乏？」他太富了，不知道有匱乏這種事。中國孩子問什麼呢？他問：「什麼是問題？」這是諷刺中國孩子沒有好奇心，我覺得基本上符合事實。儘管這是個笑話，但還是很傳神地描繪了中國的孩子缺乏好奇心。其實孩子的天性都是一樣的，都是有強烈的好奇心的，完全是被我們的教育和文化扼殺掉的。

從好奇心這一點來看教育，在教育中，興趣是非常重要的，是教育第一要保護和鼓勵的東西。杜威說：「興趣是一個人的能力的可靠徵兆。」事實也是這樣，你做什麼事情特別感興趣，那你肯定在這個方面是有天賦的。學習有沒有成效，關鍵是有沒有興趣。一個人在學習和研究自己感興趣的東西時，精神處在一個非常快樂的狀態，他真正是在享受。享受什麼？就是享受智力活動本身的快樂。在這個時候，心智的運用本身就是快樂，就成了最大的快樂源泉。這就是古希臘人所看重的智性的快樂。一個善於享受這種快樂的人，他的心智始終處於活潑狀態，這樣的人是最容易有成就的。

事實上，對世界充滿興趣是天才的主要品質。人們常常說天才就是勤奮，並且以為勤奮就是死用功，其實完全不是這樣，他是太喜歡他所做的事情了，欲罷不能，在旁人看來他就是很勤奮，其實他是在享受，但是你不知道！所以，教育最重要的任務就是要培養和保護學生的興趣。看一個學生的智力素質好不好，第一個尺度就是看他對事物有沒有好奇心，對知識有沒有興趣。具體的興趣點是可變的，在一段時間裡，你也許對某個領域、某個問題更感興趣，以後又轉移到另一個領域和問題。但是，充滿興趣的狀態是一貫的，享受智性快樂的狀態是一貫的，只要你能保持這樣的狀態，要你不出成就也難。

智力品質的另一個要素是獨立思考的能力。所謂獨立思考的能力，就是對於任何理論、說法，你都要追問它的根據，在弄清它有無根據之前，你要存疑。笛卡兒所說的懷疑一切，意思就是對未經獨立思考過的一切要存疑，這其實是思想者的必備品質。愛因斯坦把獨立思考能力稱作人的內在自由，並且認為教育的目標就在於培育這種內在的自由，而不在於灌輸特定的知識，不在於培養專家。他說專家無非是訓練有素的狗。如果你僅僅在某個狹窄的領域裡受過良好的訓練，具備相關的專業知識，你當然可以算是一個專家，但用這個標準看，一條訓練有素的狗也可以算是一個專家。擁有獨立思考能力的人對一切知識處於支配的地位，訓練有素的狗則被它所受到的訓練支配，這是二者的分界線。

那麼，從獨立思考的能力這一點看，具體到教育上，我認為就是要培養自主學習的能力。教育最重要的任務，第一是培養學生對知識的興趣，第二是培養學生自主學習的能力。做為大學生，尤其是研究生，你必須有這個清醒的意識，千萬不要把注意力放在學習死的知識上。你要學會自己安排自己的學習，知道自己要朝哪個方向鑽研，應該看些什麼書。自主學習是一切有成就的人的共同特點，他們都必定是具備這個能力的。

還是舉愛因斯坦為例，我認為他非常了不起，他不僅是一個大科學家，而且是一個哲學家、教育家，他對人類的智力品質和靈魂都有非常透徹的瞭解。在他去世前一個月，他的母校蘇黎世理工大學百年慶典，請他寫了一篇紀念文章。在這篇文章裡，他沒有吹捧母校而是批評母校，也批評整個教育制度。他說：「從入學開始我就發現，按照學校的教育方式，我不可能成為好學生，因為成為好學生就意味著要認真聽講，要做很多作業，而我是不可能這樣做的。所以，我當時就下定決心，滿足於做一個中等成績的學生，而把大量時間用於『以極大熱忱在家裡向理論物理學的大師們學習。』」

所以，愛因斯坦雖然上了大學，他實際上是自學的。畢業後，他又拒絕了學校的留校邀請。他說：「如果留校的話，我就不得不去寫大量的論文，結果便是變得淺薄。」他在一個專利局找了一份差使，做一個小公務員，幹了七八年，用業餘時間研究理論物理學，他自己說那是他一生中最富於創造性活動的時期，為此感到極大幸福，他的相對論就是在這段時間裡產生的。

我相信，各個領域裡的傑出人物都是這樣的，他們的成才史都是向教育爭自由的歷史。做為一個學生，你無法改變現行的教育體制，但是如果你足夠優秀，你就不必完全跟著這個體制走，你可以最大限度地保持對它的獨立性。在我看來，一切教育歸根究底都是自我教育，一切學習歸根究底都是自學，所有的偉人都是自學成才的，沒有聽說是老師教出來的。我很贊成一句話：「學習就是學會學習。」你學會了學習，有了自主學習的能力，這是一筆財富，一輩子受用不盡。有成就的人都是終身自學者，不需要老師，永遠在自學。

英國哲學家懷特海說過一句話：「什麼是教育？教育就是把你在課堂上學的東西全部忘記了，把你為考試背的東西全部忘記了，那剩下的東西就是教育。」如果你什麼也沒有剩下，就意味著你完全沒有受過教育，白上了學。那剩下的東西是什麼呢？就是自主學習的能力。用懷特海的話來說，最重要的東西是智力活動的習慣和融入身心的原理，至於那些具體的知識，如果你不用，是很容易忘記的，如果你要用，又是隨時可以查到的。他還說過一句話：「受教育的過程應該是一個智慧增長而知識減少的過程，那些知識的細節都消失在智慧裡了，你需要的時候是很容易推導出來的。」大家不妨想一想，自己在學校裡是不是把工夫都用在那種很容易忘記又隨時可以查到的東西上了，如果是這樣，就太虧了。懷特海主張，應該像一個無知的人那樣思考。說得真是精闢，不管你已經擁有多少知識，都當它們不存在，你的頭腦永遠直接面對事物本身，這正是一個具有獨立思考能力的人的基本狀態。

關於智育，我還想強調一點，就是智力生活的非功利性。愛因斯坦說：「歐洲的偉大傳統是為了知識自身的價值尊重知識。」我們可以看到，這個傳統從古希臘就開始了。畢達哥拉斯發現了畢氏定理，為此舉行百牛宴，殺了一百頭牛來慶祝。在當時，發現了這個原理有什麼用啊？任何物質上的好處都不可能有，他感覺到的完全是智力活動得到勝利的巨大喜悅。把心智的運用、知識的獲得看作最大快樂，看作目的本身，這確實是歐洲的傳統，馬克思也不例外。

馬克思心目中的理想社會也就是共產主義社會是怎麼樣的？僅僅是物質的極大豐富

嗎?完全不是。那是一個自由王國,用他的話來說,這個自由王國是存在於物質生產領域的彼岸的。到那個時候,人的一切活動不是為了外在的目的,不是為了物質的生產,而是為了發展人的能力,人發展和享受自己的能力這本身就是目的。

按照馬克思的設想,那時候必要勞動時間縮短到了最低限度,整個社會只需要花很少時間就能夠滿足自身的物質需要了,剩下的絕大部分時間都是自由時間,這些時間用來搞什麼呢?用來搞藝術、科學、哲學這些精神活動,人人都是這樣,做自己真正喜歡的事,活動本身就是人性的實現,這才是理想的社會。

諾貝爾物理學獎得主丁肇中有一段話講得非常好。在一次講座時,有學生問他:「丁教授,你現在的研究有什麼經濟價值?」他回答說:「我不知道。但是,諾貝爾物理學獎第一屆和第二屆分別獎給了X光和電子的發現者,這兩項發明在當時都沒有什麼經濟價值。同樣,後來的量子力學和原子物理學在產生時都被認為是花錢最多而最沒有經濟效益的。」他說:「科學最重要的是興趣,是為了滿足好奇心,而不是為了名利,這個利也包括經濟價值。」我相信,不管哪個領域的大師,都一定有這樣一種眼光和態度。智力活動本身就是快樂,就是人的高級屬性的滿足,你為什麼非要把高級屬性的滿足落實到實際上是降低為低級屬性的滿足即所謂有用呢?所謂有用,不就是吃好、穿好、住好嘛,不就是物質豐富一點嘛！人為什麼只想去滿足自己的低級屬性，不肯去滿足自己的高級屬性呢？為什麼要以低級屬性的滿足為標準來判斷高級屬性的價值呢？這不是顛倒了嗎？

經常有人問中國為什麼出不了世界級的大師。雖然有獲得諾貝爾物理學獎的中國人，但他們都是在國外受的教育，如果一直待在國內，恐怕就不會有這個成就。我覺得根本的原因就是我們太實用，什麼東西都要問有沒有用，這是我們傳統文化的一個大弱點。這個問題其實很早就有人提出來了，王國維在二十世紀初就指出，中國的最大問題是不注重精神價值，他說引進西方的物質文明是容易的，二三十年就能見成效，但是精神文明建設必須經過好幾代人的積累，這是最難的。在歐洲，有很多人純粹是為了興趣去進行研究，根本不問有什麼用處。我在德國的時候就認識了這樣的一個教授，是哲學教授，他正好是研究王國維的，寫過一本厚厚的專著，可是有一陣突然對猴子產生了興趣，想研究猴子的生活習性，就買了好幾隻猴子養在家裡，和它們同吃同睡，他的老婆實在受不了了，就和他離婚了。像這樣的怪人特別多，一根筋，在旁人眼裡好像瘋了。我相信，一個民族像這樣出於純粹興趣做事的人越多，在這片土壤上就越容易出大師。所以，我們必須改變我們文化的實用性品格，形成一種全民族尊重精神價值的氛圍，那樣才會有希望。

總之，智育的目標應該是培養好奇心、純粹的興趣和非功利的探索精神，培養獨立思考、自主學習和享受智性快樂的能力，這是智力教育的本義，而不僅僅是灌輸知識，當然更不僅僅是培養職業技能。

三、靈魂教育：實現靈魂的價值

我把靈魂與頭腦、心靈生活與智力生活區別開來。人有一個頭腦，這是可以看見的，而靈魂是看不見的，你問我靈魂在身體的哪個部位，我說不出來。但是，我認為靈魂與頭腦是有區別的，人對美和愛的需要、對意義的需要，這些都不能用頭腦來解釋，我只能說來自靈魂。套用柏拉圖對於知、情、意的分類，可以說頭腦是知，也就是理性，靈魂是情和意，也就是情感和意志。情感是審美性質的，意志是道德性質的，與此相應，靈魂的教育可以相對地區分為美育和德育。美育的目標是造就豐富的心靈，使人有豐富的情感體驗和內心生活；德育的目標是造就高貴的靈魂，使人有崇高的精神追求和自覺的信仰。

談到美育，現在許多家長好像很重視孩子的藝術教育，給孩子報各種班，學各種技能，彈鋼琴呀，畫畫呀，但出發點極其功利，無非是為了孩子將來多一條路可走。這是很糟糕的，違背了美育的本義，結果只能是敗壞孩子對藝術的感覺。藝術是最自由、最沒有功利性的精神活動，摻雜進功利的考慮，就不是藝術了。美育也絕不限於學一點吹拉彈唱或者畫畫的技能，它的範圍廣泛得多，凡是能陶冶性情、豐富心靈的活動都是審美教育。我把美育歸入靈魂教育，我認為這一點很重要。美育是對心靈的教育，它的目標是心靈的豐富，是體驗美和愛的能力。

那麼，怎樣才能使心靈豐富呢？欣賞藝術，欣賞大自然，情感的經歷和體驗，這些都很重要。除此之外，我提兩點一般性的建議。一個是要養成過內心生活的習慣。上面談智力教育時，我說人應該養成過智力生活的習慣，現在談靈魂教育，就是要養成過心靈生活的習慣，優秀的人應該有這兩種習慣。我們平時總是在和別人一起聊天、談話、辦事，但是人應該留一點時間給自己，什麼事也別做，什麼人也不見，和自己的靈魂在一起，這叫獨處。靜下來，想一想人生的問題，想一想自己的生活狀況，想一想所經歷的人和事。現在的世界太喧鬧太浮躁了，人們都生活在表面，生活在外部世界裡，我覺得這很可悲。

這個時代大家都很看重交往的能力，這次我來四川，在北京機場的書店裡看到一本書，書名似乎叫《能說會道者贏》，我一看就感到彆扭，能說會道也就是做一個推銷員罷了，那算什麼成功。我承認交往是一種能力，但獨處是一種更重要的能力，缺乏這種能力是更大的缺陷。一個人不喜歡自己，和自己在一起就難受，這樣的人肯定是沒有內涵的，他對別人也不會有多大益處，他到別人那裡去對別人只是一種打擾。一些沒有自己心靈生活的人在一起，他們之間的交往就無非是利益關係，就會互相爭鬥。

另一個建議是讀書，讀好書。不能光讀專業書，還要讀一些與專業無關的書，羅素所說的「無用的書」。文科有很好的條件，因為「有用的書」與「無用的書」是統一的。一定要讀好書。我比較愛讀書，但還是有許多好書沒有來得及讀，也許永遠來不及讀了，這是特別大的遺憾。當你讀了從古希臘以來的哲學人文經典，你會發現這是莫大的享受，如果沒有讀，你是蒙受了多大的損失，可是正因為沒有讀，你還不知道自己蒙受了這麼大的損失。人類的精神寶庫屬於每一個人，向每一個人敞開著，你不走進去享受裡面的珍寶，就等於你把自己的權利放棄了，那是何等可惜。

最後談德育。我覺得對德育也一直有一種狹隘的理解，就是把它僅僅看成一些規範的灌輸，比如集體主義、愛國主義、誠實、守紀律之類。智育限於知識，美育限於技藝，德育限於規範，都是捨本逐末。德育應該是對靈魂的教育，目標是靈魂的高貴。

從人性看，道德有兩個層次。一個是人的社會性層次，道德是維護社會秩序的手段；另一個是人的精神性層次，道德是靈魂的追求。這兩個層次都不可缺少，但精神性的層次是更為根本的。康德說，人能夠為自己的行為立法，就是說的這個層次的道德。人有超越於生物性的精神性，它是人身上的神性，意識到自己身上有這個神性部分，並且按照它的要求來行動，這是道德的本義。這個真正意義上的道德，它的基礎是人身上的神性，是人的靈魂的高貴，它是真正自律的。如果沒有這個基礎，只在社會層面上談道德，道德就僅僅是維護社會秩序和處理人際關係的手段，是一種功利性的東西，是他律。

我們進行道德教育，應該從根本入手，使人們意識到人的靈魂的高貴，在行為中體現出這種高貴。什麼是靈魂的高貴呢？就是有做人的尊嚴，有做人的原則，在任何情況下都不做褻瀆人身上的神性的事。一個人為了滿足物欲而百無禁忌，不擇手段，只能說明他身上的神性已經泯滅，只剩了獸性，就已經不是人了。事實上，那些做出了道德淪喪之事的人，他們有一個共同之處，就是不知人的尊嚴為何物。有的人真的不拿自己當人，遇到這種人你就很難辦了。一個自己不懂得做人的尊嚴的人，一定也是不懂得尊重他人的。他和人打交道永遠是不講誠信的，不過我認為我們對他還是要講誠信，就是老老實實告訴他：我不跟你打交道！

相信人身上是有神性的，這實際上就是信仰了。信仰主要不在於信不信教，你可以不相信神，但是你一定要相信神聖，相信人身上是有神性的，所以要有所敬畏，要知道有些事情是你做不得的，有些原則是不能觸犯的，觸犯了就不是人了，要有做人的原則。所以說到底，有靈魂的高貴，有做人的尊嚴感，你就一定會自律，道德和信仰就都有了。如果沒有，道德和信仰就都談不上，你標榜的道德和信仰都是表面的，都是假的、靠不住的。

尊重靈魂其實是一種廣義的宗教精神。一個民族可以沒有宗教，但是不能沒有宗教精神。所謂宗教精神，就是對高於世俗生活的精神意義的追求。人類的精神生活領域是圍繞著對這種更高意義的追求展開的，用大自然的眼光看，這個意義並不存在，它實際上要靠人自己來創造。正是這樣一種為生存尋求和創造一個更高意義的過程，形成了人類精神生活的各個領域，包括宗教、哲學和藝術等等。那麼這個意義找到了沒有呢？似乎並沒有找到，但是我們最後發現，這些精神生活領域本身就很有意義，我們因為尋找意義形成了這樣一些領域，而這些領域本身就為人生提供了精神意義。所以，情況似乎是這樣，尋找意義本身就使我們的人生有了意義。

關於教育的目標，我就講到這裡。總的來說，我認為教育應該遠離功利和實用，貫徹人文精神，教育的目標應該是培養健康、善良的生命，活潑、智慧的頭腦，豐富、高貴的靈魂，這樣，我們的教育就真正成功了。

一、教育機構的使命

上面我從人文精神的角度講了教育的目標，就是要把人身上那些最寶貴的價值實現出來。事實上，人身上這些最寶貴的東西，包括人的智力品質和心靈品質，在一定意義上都是人性中固有的。每一個人，從他出生以後，這些東西都已經以萌芽狀態存在於他的身上了，有了合適的環境，它們就會生長。所以，我特別贊成盧梭提出的一個觀點，就是教育即生長。教育不是強行把一些能力從外面放到人這個容器裡面去，這些能力在人性中本來就已經存在了，教育只是提供一個良好的環境，讓它們正常地生長。

我完全相信教育就是生長，這一點我在我女兒身上看得特別清楚。我女兒現在七歲，她四歲認字，五歲能看書，那時候還沒有上學，這個過程我覺得特別有意思。每天晚上，她媽媽給她讀一點諸如《格林童話》那樣的經典童話書籍，她非常愛聽。有一天，她問媽媽：「書上都是字，故事在哪裡？」我們沒法跟她解釋清楚。後來她逐漸識了一點字，識字的過程非常自然，她有時候看光碟，就會跟著聲音看字幕，有時候媽媽帶她出去，她就會問媽媽招牌上是什麼字，這樣一來，她逐漸地、零零星星地認識了一些字。後來有一回，媽媽晚上給她念了一段故事，第二天發現她自己拿著故事書在念，其實大部分字她還不認識，但她養成了這個習慣，媽媽讀的故事她第二天就自己去看，這樣認識的字越來越多。有一天，她對媽媽說：「媽媽，你不要給我念了，你念了我再讀就沒有意思了。」你看，認字這個過程，需要我們去強迫她嗎？根本不需要！其實每個孩子都有這樣一種能力，但是如果你強迫他，他就會反感。通過這個事例，我真的看到人的很多能力是天生的，教育只是給它環境讓它生長出來。

對於盧梭提出的教育就是生長的觀點，杜威做了進一步的闡發，他說：「這意味著生長本身就是目的，並不是在生長的前頭另外還有一個目的，比如說將來適應社會、謀求職業、做出成就之類。」我覺得杜威講得非常到位。那些謀職之類的東西當然不是不要，但它們不是生長的目的，只要你生長得好，成為一個優秀的人，那些東西自然能夠解決。所以，我們不應該用狹隘的功利尺度來衡量教育。用什麼尺度衡量教育呢？應該用人性的尺度，看教育是否使學生的天性和與生俱來的能力得到了健康生長，包括同情心、好奇心、思考和感受的能力等等。換一種說法，也可以說是人生的尺度，教育應該為幸福而有意義的人生打下良好的基礎。怎樣才算打好這個基礎呢？非常簡單，就是看受教育者現在的生活是不是幸福而有意義。用生長的眼光看，人生的每個階段都有自身的價值，每個階段的價值都應該得到實現。

有一種流行的錯誤觀點，就是把學生時代僅僅看作人生的一個準備階段，它的全部價值似乎只是為將來走上社會做準備。我們今天的教育基本上是在這個錯誤觀點的支配之下，以未來的名義無情地剝奪孩子們的童年和青春。盧梭說：「為了某個不確定的未來而剝奪現在，這種作法是殘酷的。」依我看，這種作法其實也剝奪了未來，一個人在童年和青年時代過得不幸福，他的那個不確定的未來就凶多吉少了。

另外，我覺得還應該用精神的尺度來衡量教育，大學要培養的是優秀的頭腦和靈魂，在這個意義上就是精神貴族，不只是所謂有用人才、有知識的打工者。大學大學，大人之學，什麼是「大人」?就是精神高貴的人，精神貴族。當然，我們也應該用社會的尺度衡量教育，但這個社會尺度應該是廣闊的而不是狹隘的。羅素說：「由本性優秀的男女組成的社會肯定是一個好社會。」如果社會的成員都受過真正良好的教育，他們的本性和能力都得到健康的生長，那麼，他們互相之間就必定能夠較好地理解和欣賞，在這樣一個社會裡，人的高級屬性就能夠最大限度地得到尊重和發揚。相反，如果在學校裡只是學一點知識和技能，學生一心想的是謀一個好職業，精神上貧乏而狹隘，那麼，在他們走上社會之後，人與人之間就只有低水準的競爭，由這樣的人組成的當然不是一個好社會。

從教育就是生長的觀點看，教育機構和教育者的使命是什麼?就是為生長提供最好的環境。所謂最好的環境，我認為有兩個方面，一個是自由，一個是好老師。用植物的生長比方，自由就是充足的陽光、水分，教師就是園丁。

如果說內在稟賦的生長是內在自由的拓展，那麼，教育就是要為這個生長提供外在的自由。外在自由的第一個含義是自由時間。在希臘文中，學校一詞的意思就是閒暇。在希臘人看來，到學校上學就意味著從日常事務中擺脫出來，有充裕的閒暇，可以無所事事地體驗和沉思了，正是在這樣的無所事事之中，人的心智慧力得到了生長。我發現成都人的日子過得很悠閒，閒暇時間很多，看來成都人的教育狀況非常好。不過搓麻將還是太多了一些，如果能勻一點時間給自己的頭腦和靈魂就更好了。

盧梭有一個謬論：「最重要的教育原則是不要愛惜時間，要浪費時間。」不過，他有他的道理，他說：誤用光陰比虛擲光陰損失更大，教育錯了的兒童比未受教育的兒童離智慧更遠。今天我們許多家長和老師唯恐孩子虛度光陰，驅迫他們做無窮的作業，不給他們留出一點玩耍的時間，自以為這就是盡了做家長和老師的責任。盧梭會問你：「什麼叫虛度？快樂不算什麼嗎？整天跑跑跳跳不算什麼嗎？如果滿足天性的要求就算虛度，那就讓他們虛度好了。」仔細想一想，盧梭多麼有道理，我們今日的所作所為其實正是在逼迫孩子們誤用光陰。外在自由還有一個含義，就是思想和言論的自由，在學校裡就是學術自由，學校要為學生的獨立思考和自主學習提供一個寬鬆、寬容的環境。

最好的環境的另一個方面是好的教師。事實上，在學校裡，教師構成了學生學習的最重要的環境。大學教育的核心問題是要有一批心靈崇高、頭腦活躍的學者，通過他們去影響學生。林語堂曾經說，在牛津和劍橋，那些教授是怎麼教學生的？他們把學生叫來，一邊抽著菸斗，一邊天南海北地聊，學生被他們的菸和談話熏著，就這麼薰陶出來了。教師當然要傳授知識，但是更重要的是他們本身素質所形成的一種氛圍，這種氛圍對學生有更本質的影響。好學生不是訓出來的，而是熏出來的。什麼叫好學校？一個大學有一批好教師，就是好大學，一個學科有一兩個好教師，就是好專業。

現在大家都說要創辦一流大學，據我看，所謂一流大學就是有一流的教師，有好的體制把一流的教師吸引來，讓他們充分發揮作用。你只是圈大地盤、蓋大校舍，算什麼一流大學！什麼是名校？就是有一個懂教育、具慧眼的名校長，凝聚了一批人品和學問都好的名教授，帶出了真正優秀的學生。比如說，人們津津樂道的蔡元培時期的北大、吳宓領導的清華國學院，好就好在這裡。你只是靠名校的招牌錄取考分高的學生，你的體制卻是壓制和排斥品學皆好的教師，讓一些平庸功利之徒在那裡折騰，算什麼名校！素質好的學生到了你那裡，也會被敗壞，或者憤而退學。

總之，大學能夠為學生提供的最好的東西，一個是自由寬鬆的環境，一個是品學皆優的教師，有了這兩樣東西，就不愁培養不出優秀的人才。優秀的人才是生長成的，不是訓練成的。教育應該為生長提供充足的陽光，如果做不到呢，最低限度是不要擋住陽光。一個好的學生對壞的教育可以說的話，就是哲學家第歐根尼對亞歷山大大帝說的那句話：「不要擋住我的陽光。」

二、今日教育的問題

用人文精神的眼光來衡量，我認為今日的教育有三大弊病。第一個是急功近利，市場支配大學教育，所謂「與市場接軌」，大學成了職業培訓場。懷特海說：「在古代的學園裡，哲學家們向弟子傳授的是智慧，而在今天的大學裡，卑微的目的是教授各種科目，這標誌著教育的失敗。」這麼來看，我們今天的教育就更失敗了，因為我們的目的更加卑微，只是升學、就業甚至金錢。

當然，急功近利不只是教育的問題，而是整個社會的問題。現在人們都非常渴望成功，而所謂的成功又無非是多多地掙錢，非常狹隘，也非常浮躁。一個人可以為自己樹立很多目標，但是我認為，第一目標應該是優秀，成功只是其次的目標，應該把成功看成優秀的副產品。首先要讓自己成為一個優秀的人，成了優秀的人，你可能成功，也可能在社會的意義上不太成功，但是不管怎麼樣，你的人生是有意義的。如果你是一個平庸的人，你最多只能得到渺小的成功，因為你始終只是在混日子，最多只是混得好一些罷了。平庸者只有職業，優秀者才有事業，一切偉大的成功者必定是優秀者。所以，一定要以優秀為目標，不要去在乎那些小成功，有大成功在等著你。

今日教育的第二個弊病是應試教育。對於應試教育的害處，大家談論得很多了，素質教育的口號也喊了很久了，事實卻是應試教育愈演愈烈，原因在哪裡呢？我認為在高考，只要高考制度沒有根本改變，素質教育就是一句空話。問題是高考的成績不但決定了學生的命運，而且決定了學校、校長、教師的命運，就像教師們所說的：「我們是掛在應試列車上的一節車廂，工資、獎金、職稱、學校排名都與高考成績掛鉤。」因此，必然的結果是，不應試就無法生存。

懷特海真是一位大教育家，在教育問題上有許多真知灼見，他早就指出：「統一考試是災難性的，必然會使所有被迫參加這種考試的學校包括校長和教員都受到束縛。」他說的統一考試，是指那種考題不是由學生自己的老師設計，而是由某個機構設計的考試。西方國家沒有全國統一的高考，只有較小範圍內的統一考試，對此他也反對。統一考試的問題是統一命題，有標準答案，這就使它只能偏重死記硬背的知識而不是獨立思考。統一考試在我們的高考中達到了空前的規模，它的危害也達到了頂點。為了對付高考，老師和學生都把掌握應試技巧看作最重要的事情，把精力放在大量猜題、做題上面，真正的智力教育完全遭到荒廢。現在有所謂「高考能校」，對學生實行封閉式管理，像軍營一樣，學生從早上七點到晚上九十點都在做題和背誦，一天學習十四個小時，兩週休息一天。

前不久我看到報導，遼寧有一所這樣的學校，遼中縣第一高中，每天上十五小時課，一個女生猝死在課堂上。高中生是最苦的，但初中生、小學生也好不了多少。你看現在的小學生，一年級就背起了沉重的書包，二三年級就有大量家庭作業，做作業做到深夜。面對全民奔高考的逼人形勢，許多家長心理上極其緊張，怕孩子跟不上，從小學起就給孩子報各種課外班，什麼奧數、英語、語文等等。武漢有一個小學生每個週末上七個班，真是令人髮指，上了媒體，其實上三四個班的很普遍。高考的威力甚至影響到幼稚園，有一句話叫作：不能讓我們的孩子輸在起跑線上。可是，在我看來，這種態勢恰恰一開始就已經是輸局了。我們逼迫孩子們從幼稚園開始就投入可怕的競爭，從小學到大學一路走過去，為了拿到那張最後的文憑，不知道要經受多少作業和考試的折磨，為了如此渺小的一個目標犧牲了寶貴的童年和青春，這簡直是全國性的野蠻和瘋狂。我不禁要問：這還是教育嗎？教育究竟要幹什麼？

我們現在的高考制度是二十世紀五〇年代學蘇聯的產物，「文革」後恢復，一開始還不是這個樣子的。現在成這個樣子，原因很複雜，與現行教育體制的其他弊端有密切聯繫。我本人認為，唯一的出路是擴大高校的自主招生，最後的目標則是廢除高考。有人擔憂，現在教育腐敗這麼嚴重，如果讓高校完全自主招生，豈不會加重腐敗，加劇不公平。

我的看法是，自主招生必須置於法律的監督下，做到程式合理和透明，而對自主招生中可能出現的營私舞弊行為，也完全可以用法律來對付。無論如何，我們不能讓這個高考制度繼續摧殘一代又一代孩子的身心健康了。且不說它與現在的腐敗脫不了干係，事實上它滋生了一整個靠高考牟利的腐敗產業，即使廢除了它會出現一些新的腐敗，只要能制止今日這種全國性的野蠻和瘋狂，我認為也是完全值得的。

今日教育的第三個弊病是腐敗。腐敗的根源，我認為主要是兩個，一個是管理體制的高度行政化、官本位化；另一個是公益事業的產業化，把公立學校變成了營利工具。在這個社會轉型時期，無論哪個領域，只要權力與市場聯手，就必然產生腐敗。關於這個問題，我不準備多談。我只想強調，教育腐敗是最可怕也是最可恨的。教育直接關係到人的頭腦和靈魂，原本是最需要人文精神的領域，現在竟然成了最沒有人文精神的領域。老百姓最痛恨的腐敗，一個是醫療腐敗，一個就是教育腐敗。在一切文明國家和時代，大學都是抵禦社會腐敗的堡壘，如果大學也腐敗了，就真沒有希望了。

四川大學現場互動

問：您很強調要做守望者，您認為知識分子的最高使命就是做一個守望者嗎？您認為您是一個合格的守望者嗎？

答：我不認為做守望者就是知識分子的最高使命，但我認為這是知識分子不可缺少的使命，當然不是唯一使命。知識分子完全可以投入時代潮流，但你必須有跳出來的時候，有與這個時代潮流保持一段距離審察它的時候，沒有距離是無法審察的。站在什麼立場上審察？就是站在人類基本精神價值的立場上，看時代潮流是否偏離了這些基本價值。我說的守望者是這個意思。至於我是不是一個合格的守望者，我覺得我自己很難做這個評價，但我一直在要求自己這樣做。

問：您說過性遵循的是快樂原則，與道德無關。我同意前一句，不同意後一句。您怎麼看？

答：做為一種生理行為，性的確是與道德無關的，我是從這個意義上說的。但是，實際的性行為總是發生在具體的人之間，會帶進人與人之間的其他關係，這就可能涉及道德的問題。譬如說，你並不愛一個女孩，但為了使她願意與你發生性關係，就謊稱愛她，這就是不道德。在這裡，不道德的不是性行為本身，而是欺騙行為。

問：學術著作往往艱澀難讀，而您的著作都比較通俗易讀，您是有意這樣做的嗎？

答：其實我現在的許多作品不能算學術著作，雖然也許可以算哲學著作。哲學著作和學術著作是兩回事，哲學史上絕大多數名著都不是學術著作，而現在哲學界的許多學術著作沒有多少哲學含量。即使是學術著作，我主張也應該儘量寫得讓人能夠讀懂，這在多數情況下是可以做到的。當然，有一些非常專業的東西，不是行內的專家就不可能懂，那麼我很欣賞霍金的作法，他把自己的宇宙學研究成果用比較通俗的語言重述一遍，使一般讀者至少能夠大致地瞭解。

問：您如何看待這個時代人文精神的失落？

答：我覺得人文精神不是現在才失落的，在我們的傳統文化中就比較缺乏，這個我已經談過了，就是我們一貫不太重視精神本身的價值。現在的新問題是無序的市場經濟，但是我寄希望於市場經濟的發展，能夠逐步形成秩序，推動法治社會的建立和完善。我相信，人文精神與法治社會之間存在著互相促進的關係。

問：您主張要有比較高的閱讀標準，請您推薦幾本書。

答：我推薦不了。真正愛讀書的人都知道，讀什麼書必須自己來選擇，個人差異非常大。共同的是要有高標準，讀精神含量、知識含量高的書，不要讀平庸的書。如果讀不進好書，唯讀平庸的書，我只有一個解釋，就是這個人太平庸了。我們不要做平庸的人，起點高才走得遠。

西南政法大學講座的開場白

付子堂（主持人，西南政法大學教授、時任副校長）：尊敬的各位老師、各位同學，晚上好。新學期新氣象，今天我們在這裡舉行隆重的儀式聘請我國著名學者周國平教授為我校教授，並由周國平老師開展本學期第一次的金開名家講壇。周老師的作品以其文采和哲思贏得了無數讀者的青睞，無論是青年還是老年都可從他的著作中收穫智慧和超然。很多大學流傳著這樣一句話：男生不可不讀王小波，女生不可不讀周國平。但這句話是不全面的，現在我們的男生都在讀周國平。總而言之，周老師能成為我們西南政法大學的教授是我們西南政法大學廣大師生的榮幸！根據我校傳統的作法，先由周老師進行主講，然後再由各位嘉賓進行評論。當然，按照我們的壇規，儘量少一些吹捧，多一些批判。如果各位嘉賓的話有不當之處還請周老師體諒。下面有請周老師。

周國平：很榮幸我能成為西南政法大學的教授，從今天開始我們是一家人了。這件事情對我來說有點突然，有點像做夢似的。我昨天給重慶市委「三峽大講壇」做了一堂講座，沒想到今天就成了西南政法大學的教授。陳金全老師是我的北大同學，一個月以前就已經跟我談這件事情，我也很樂意。我為什麼願意受聘於西南政法大學呢？有兩個原因。第一，我最喜歡做的事情就是讀書和寫作，我覺得安安靜靜地讀書、寫書，這樣的日子是非常美好的，我不喜歡外界來打擾我的獨立的研究、思考和寫作。這次西南政法大學很尊重我的意願，很尊重我學術上的獨立自主狀態，我完全可以按照我自己的方式來工作。我非常感謝西南政法大學對我的這種開明的態度。第二，我很願意和年輕人在一起。我一直在中國社會科學院工作，在那裡工作期間很特別的一點，就是始終沒有機會和年輕學生來往。我記得英國哲學家懷特海說過一句話：大學是什麼？大學就是在老年人的智慧和年輕人的熱情之間搭起的一座橋樑。西南政法大學為我這樣的老年人——雖然我不願承認——和你們這樣的年輕人搭起了一座橋樑。今天看到同學們的這種熱情我很感動，所以我會經常來西南政法大學和大家座談，也可能會擔任一點課程。

西南政法大學講座的點評和回應（摘要）

陳金全：各位同學，我算不上點評，我這人缺乏批判精神，我介紹一下情況。周老師能成為西政的教授我既感到高興也感到很突然。因為市委汪洋書記請他來做講座，我跟學校彙報了，人事處態度積極，力主「引進」周老師，所以三天就成功了，姚榮茂處長也起了很大的作用。周國平和我一九六二年考入北大哲學系，我們哲學系哲學專業共兩個班五十個人，再加心理學專業十人。他是我們當中最年輕的，但是作品最多、名聲最大。他上大學時就是班上最愛蹺課的一個，經常看自己的書，晚上熄燈後還看書，所以有時候還跟同學們鬧點「小摩擦」。有一次我在北大書店買書，有幾個書商在那兒議論誰的書最好賣，他們認為周國平的書最好賣。二十世紀九十年代中期我接觸周國平的散文，感到很有意思，他把哲學講活了。

曾凡躍：我覺得好久都沒聽到這麼精彩的講座了，心裡很震撼。周老師的演講有一種誠然、超然的精神，一種自由的品格。我圍繞今天周老師演講的題目簡單地提幾個問題。講大學變成了製造人才的工廠，從人文精神來看這肯定是有問題的，但這也是近代教育的功勞，相對於古代私塾來講是一個進步，大學的目標應該還有「為社會服務」。現在的學校是否應成為古代的書院？古希臘時期的學園是否應成為現在學校的目標？學校應不應該成為遊戲場所？我認為學校純粹建成人文精神的樂園是不可取的，這是外在強加的。為什麼說是強加的呢？這涉及對「人文精神」的理解。「人文」是西方的人文還是東方的人文？按照後現代主義的理解，柏拉圖主義、本質主義都是應該否定的，所以我們應按哪種人文精神來塑造這本身就是麻煩事。有沒有「人文精神」，我想這是問題之所在，我們所稱的「人文精神」可能是一種假象。「人文精神」需要重估，大學要發起對「人文精神」的批判從而建構一個新的人文精神。那麼新的人文精神是什麼？我想就這個問題請教周先生。

張永和：聽了講座，我覺得真正的哲學家是一個有思想的人。今天周老師講述過程中我也產生了一定的疑慮，這疑慮與教育本身不太有關。人文主義最早還是文藝復興時期由神性走向人性的過程中產生的。今天我非常有幸求教於周國平老師，就是：現代人走出神性以後，我覺得人自大了，以至於我們對我們身邊的很多生命現象都很忽略，我們沒有將它們當作平等的生命現象來思考，現在所反覆發生的虐待動物的事件是值得我們思考的。還有一個問題就是人與動物的區別，周老師剛才談到了人與動物的區別在於同情心，而這種同情是人的本能。如果說到人與動物的本能，我在想動物是否也有同情心。霍布斯說過：人與人的關係是狼與狼的關係。我覺得狼與狼之間的關係是很美好的關係，狼的義務感是不亞於人的，我有時候想像狼生氣的時候它們會不會說你們連人都不如。還有周老師講人的意義是高於生存的體驗，我看過一些關於動物的書，書中講動物的心理活動不亞於人，如猩猩在群中稱霸時，它們追求一些高於生存的目標。所以我想問「人文精神」能否從動物中脫離出來？世界上一切生物存在的意義是什麼？

徐昕：我從非專業人士的角度談點感想。關於人文精神，周先生對此表達得不十分清楚，但從演講可以概括出三點：尊重生命的價值、尊重頭腦的價值、尊重靈魂的價值，分別對應著人性、理性、超越性。大概這就是他所謂的人文精神。我有些疑惑，符合上述要素的就有人文精神嗎？許多文人都是這麼做的，但為什麼中國的文人容易成為偽君子呢？人文精神是中國近十幾年來一個熱門、時尚以及用濫的詞，大家的討論往往流於空洞和表層，今天的演講也有這種傾向。關於哲學，周先生提倡人追求精神生活，勸人向善，但恕我直言，這些表達很有些常識化，並沒有多麼深刻的哲學思考。如果這也叫哲學，那麼哲學的門檻太低了。當代中國出了幾位哲學家呢？有人說沒有，有人說只有三個半。實際上，我一直是把周先生定位於一位著名作家，而不是哲學家。和物質相比，周先生更看重精神性品格，認為精神生活比物質生活具有更高的價值。但他過於強調精神的一面。關於物質和精神，一定需要分出主次嗎？以追求物質為目標，少些精神信仰，難道就缺乏人文精神嗎？甚至還可以追問，為什麼一定要追求人生意義，一定要活得高尚、偉大或者永恆呢？我認為，價值多元應當成為人文精神的一個基本要素。周先生強調尊重人的生命，強調人與動物的區別，是否意味著人類中心主義呢？實際上，人和動物的區別是一個千古難題，說區別在於靈魂可能沒有錯，但靈魂是什麼？這詞解釋起來似乎要比說清楚人和動物的區別更複雜。周先生討論人文精神與教育還貫徹了另一條線索，即中西文化傳統的對比，但過於斷然和絕對地區分中西文化傳統的不同。我感到疑惑，按照周先生的講述，西方文化傳統是顯然優於中國的，而人文精神也來自西方的精神文化傳統。那麼，我想追問的是，中國是否有人文精神的傳統呢？中西文化傳統真的是一個重物質、一個重精神嗎？西方文化傳統沒有實用性嗎？在承認文化進步的基礎上，我認為應當考慮一下文化相對主義的觀點，凡文化皆有價值，文化無優劣，正如不能說英語優於漢語。關於功利，周先生指出，好奇心是神聖的，而功利心是它的敵人。我認為，好奇心與功利心的關係並非如此。功利心並不可恥，它是人極其正常的心理，利益優先的、世俗的功利主義態度雖然不超越，但完全符合自然法則，也不會阻礙科學發展。甚至當今科學、經濟、社會活動基本上源於功利心的驅動，都是基於追求收益最大化的經濟邏輯組織起來的。周先生舉例說，畢達哥拉斯發現了畢氏定理後殺一百頭牛大加慶祝，而這一定理當時沒有任何實用性。我想，效用的含義應當這樣理解，它既包括當期效用也包括預期效用，既包括物質效用也包括精神效用。這一定理的發現對畢達哥拉斯而言就是一種精神收益，為精神收益而行動，也是功利。

張培田：對周老師我是久仰大名，今天的講座對我的啟迪很大。按照金開的傳統，需要提點問題。周先生哲學思維局限在「人文主義」，實際在哲學發展史上，對人文的關注已大大地超越了。羅素有過論述：人類太關注人本身，有局限，會出問題的。還有，人從本質上講是動物，他還有獸性的一面，在不同條件下，人性與獸性會轉化，這一點有很多實例。所以對「人文主義」的關注中少了對人的獸性的研究，這也是有問題的。

周國平：提出的問題很多啊，我十分欣賞西政這種坦率批評的學術氣氛。實際上我今天做的不是一個嚴格學術性的講座，而是思想交流，若是學術探討我就不講這個題目了。我是針對當前教育與社會中存在的問題，找一個角度進行思考，「人文精神」成了我的一個武器，我要用它來對付現存的問題。人文精神到底是什麼含義，現在各有各的說法，最早出現在二十世紀九〇年代初，那時談「人文精神」是針對知識分子邊緣化的問題。我談的是我的理解。我承認我所理解的人文精神是從古希臘開始的，而狹義的「人文主義」是從文藝復興開始的。關於中西對比問題，我認為西方有一個尊重精神價值的牢固傳統，而這個傳統在中國是缺失的，我對中國傳統的這個方面確實評價不高。如果說人性分成生物性、社會性、精神性這幾個層次，那麼，西方從古希臘開始非常強調兩方面，一方面是肯定人的生命本能，另一方面是肯定人的精神追求，生物性與精神性這兩方面都很強大，這兩者的作用所產生的社會性是一個非常好的社會性，這種社會性給生命本能和精神追求都提供了充分的自由。儒家文化既壓抑生命本能，又壓抑精神自由，只留中間這一塊，我覺得這樣的社會性是較差的社會性。

我願意承認我不是一個哲學家，不但我，恐怕當代中國沒有一個人能夠放進哲學史裡。徐先生認為我談得空泛，都是一些常識，這我也承認。但是，我覺得可悲的是很多常識的東西在我們這個時代被忘記了，當今的教育就是一個典型例子。在我的概念中，哲學不是純學術，它應該是生活方式和智慧。大家去看古希臘哲學家的著作，可能很多會被認為是常識性的東西。柏拉圖給敘拉古僭主上哲學課，這位僭主評論他的哲學是無聊老人對無知青年的談話。我們往往喜歡標新立異，弄出一些違背常識的東西，這時候哲學的使命就是提醒我們回到常識。

我今天強調的是精神的東西，但我並不否認物質的東西的作用，我也不否認人文精神包含著對生物性需要的尊重，比如我指出同情心是以利己心為基礎的，沒有利己心怎能去推己及人，對利己心不能做道德上的批判，既然是本能就是有道理的。我不否認人的動物性，但是我認為不能停留在動物性，人的更高級方面還是精神性。如果要否認這一點，我就不知道說什麼好了，因為沒有最基本的討論基礎。剛才好幾位為動物辯護，我承認我對動物沒有研究，可能一些高級的動物也有令人尊敬的品質，但是不能走極端地認為人不如動物。的確有的人不如動物，但在總體上人還是高於動物的。

剛才曾老師提了一個問題，認為按照我的觀點，學校會成遊戲場所。極端的推斷會是這樣，但我沒有那麼極端。不過，我仍想強調，學校在一定意義上應該成為遊戲場，尤其是小學，大學也應包含這樣的成分。遊戲的本質是不為功利，只為興趣做事，我堅持認為，學習應該是這樣的，至少學習的最佳狀態應該是這樣的。

05

人文精神是大學一切責任的內核

楊振寧先生在烏魯木齊發表談話，斷言中國大學的教育非常成功。此言一出，輿論譁然，一片反對聲。有趣的是，以楊先生的巨大名望，也幾乎無一人真正為他辯護，至多只是以他說的是「客氣話」替他解嘲。我把這看作民意的一個可靠檢測，表明國人對於教育現狀的不滿已經到了何等普遍和不可調和的地步。

楊先生讚美中國大學教育的理論依據是他對大學責任的看法。雖然他宣稱這是全世界的共識，但我不認為全世界在如此複雜的價值觀問題上能夠達成共識，因此寧可視為他的個人看法。他把大學的責任歸結為三項，即教育年輕人、做尖端研究和為社會服務。我想稍微做一點分析。

楊先生說，他先後在美國和中國為大一學生上物理課，發現中國學生比美國學生基礎更扎實、學習更努力，比如三角方程式能夠脫口而出。究其原因，則是中國學生在中學時代訓練題目做得好。根據這個「親身體會」，他斷言：「中國對學生的中學時代基礎教育是成功的。」又進而斷言：「從教育年輕人的角度講，中國大學的本科教育非常成功。」楊先生顯然是在讚美中國的應試教育。應試教育當然有其效用，即知識的灌輸量大，知識的短時記憶牢固，可是，據此怎麼能證明基礎教育的成功呢？應試教育所犧牲掉的那些因素，比如好奇心的保護和培養、享受智性快樂的能力、獨立思考的能力、分析和解決問題的能力，本應是基礎教育更重要的方面，都被楊先生忽略掉了。因此，即使把「教育年輕人」這個角度局限於智育，楊先生對智育的理解也有捨本逐末之嫌。對一個國家或一所大學來說，其科學研究水準與基礎教育水準之間有著直接的聯繫，基礎教育的缺陷必然會在科學研究中反映出來。智育的目標定位於特定知識還是愛因斯坦所說的內在的自由，懷特海所說的在知識面前擁有自由的能力，結果完全不同。從根本上說，西方科學之所以發達，實賴於對於人的智力品質的尊重、對於超越於功利的純粹智力活動的熱愛。在科學研究的領域，中國大學與世界大學的差距懸殊，楊先生無法否認這個有目共睹的事實，但是，由於他迴避從文化傳統上尋找根源，便簡單地把原因歸結為「中國經濟發展起步較晚」了。

關於大學為社會服務這個責任，楊先生籠統地斷言：「中國大學對社會的貢獻非常大，這一點不容置疑。」恰恰這一點遭到了最多的質疑，質疑集中在中國大學教育的不公平性上，尤其是學費猛漲導致的對於貧困階層的歧視，這種歧視每天都在製造悲劇。我還想從另一角度提出質疑：與社會的尺度相比，教育是否還應該有一個更重要的尺度，即人性的尺度？大學誠然要為社會輸送人才，問題在於輸送怎樣的人才。杜威有一個著名論點：「教育即生長，在生長之外別無目的。」這就是說，衡量教育成敗的標準應是受教育者天性和能力的健康生長。事實上，倘若堅持這個標準，大學就能為社會輸送本質上真正優秀的人才，無疑是為社會最好地服務。相反，如果用急功近利的近視眼光看待為社會服務，結果就會像今天這樣，把大學辦成了一個職業培訓場。

其實，上面所說的道理皆是常識，楊振寧先生長期受西方文明薰陶並做出了巨大成就，不可能不懂這些道理。因此，我寧可把他對中國教育現狀的讚美看作一時失言。他的失言提供了一個機會，使我們得以重新審視中國教育的現狀，這未必不是好事。我的感覺是，他彷彿在用另一種方式提醒我們：人文精神是大學一切責任的內核，喪失人文精神的大學是最不負責任的大學，因而不再是真正的大學。

Part5

未經省察的人生沒有價值

01

智慧的誕生

許多年裡，我的藏書屢經更新，有一本很普通的書卻一直保留了下來。這是一冊古希臘哲學著作的選輯。從學生時代起，它就跟隨著我，差不多被我翻破了。每次翻開它，無須閱讀，我就會進入一種心境，彷彿回到了人類智慧的源頭，沐浴著初生哲學的朝暉。

古希臘是哲學的失去了的童年。人在童年最具純正的天性，哲學也是如此。使我明白何謂哲學的，不是教科書裡的定義，而是古希臘哲人的嘉言懿行。雪萊曾說：「古希臘史是哲學家、詩人、立法者的歷史，後來的歷史則變成了國王、教士、政治家、金融家的歷史。」我相信他不只是在緬懷昔日精神的榮耀，而且是在歎息後世人性的改變。最早的哲學家是一些愛智慧而不愛王國、權力和金錢的人，自從人類進入成年，並且像成年人那樣講求實利，這樣的靈魂是愈來愈難以產生和存在了。

一個研究者也許要詳析古希臘各個哲學家間的差異和衝突，把他們劃分為不同的營壘。然而，我只是欣賞者。當我用欣賞的眼光觀看西元前五世紀前後古希臘的哲學舞臺時，首先感受到的是哲學家們共同的精神素質，那就是對智慧的熱愛、從智慧本身獲得快樂的能力，當然，還有承受智慧的痛苦和代價的勇氣。

二

在世人眼裡，哲學家是一種可笑的人物，每因其所想的事無用、有用的事不想而加嘲笑。有趣的是，當歷史上出現第一個哲學家時，這樣的嘲笑即隨之發生。柏拉圖記載：據說泰勒斯仰起頭來觀看星象，卻不慎跌落井內，一個美麗溫順的色雷斯侍女嘲笑說，他急於知道天上的東西，卻忽視了身旁的一切。我很喜歡這個故事。由一個美麗溫順的女子來嘲笑哲學家的不切實際，倒是合情合理的。這個故事必定十分生動，以至被若干傳記作家借去安在別的哲學家頭上，成了一則關於哲學家形象的普遍性寓言。

不過，泰勒斯可不是一個對於世俗事務無能的人，請看亞里斯多德記錄的另一則故事：人們因為泰勒斯貧窮而譏笑哲學無用，他聽後小露一手，通過觀察星象預見橄欖將獲豐收，便低價租入當地全部橄欖榨油作坊，到油坊緊張時再高價租出，結果發了大財。他以此表明，哲學家要富起來是極為容易的，如果他們想富的話。然而這不是他們的興趣所在。

哲學家經商肯定是凶多吉少的冒險，泰勒斯成功靠的是某種知識，而非哲學。但他總算替哲學家爭了一口氣，證明哲學家不愛財並非嫌葡萄酸。事實上，早期哲學家幾乎個個出身望族，卻蔑視權勢財產。赫拉克利特、恩培多克勒拒絕王位，阿那克薩哥拉散盡遺產，此類事不勝枚舉。德謨克利特的父親是波斯王的密友，而他竟說，哪怕只找到一個原因的解釋，也比做波斯王好。

據說「哲學」（philosophia）一詞是畢達哥拉斯的創造，他嫌「智慧」（sophia）之稱自負，便加上一個表示「愛」的詞頭（philo），成了「愛智慧」。不管古希臘哲人對於何為智慧有什麼不同的看法，愛智慧勝於愛世上一切卻是他們相同的精神取向。在此意義上，柏拉圖把哲學家稱作「一心一意思考事物本質的人」，亞里斯多德指出哲學是一門以求知而非實用為目的的自由的學問。遙想當年泰勒斯因為在一個圓內畫出直角三角形而宰牛歡慶，畢達哥拉斯因為發現畢氏定理而舉行百牛大祭，我們便可約略體會古希臘人對於求知本身懷有多麼天真的熱忱了。這是人類理性帶著新奇的喜悅慶祝它自己的覺醒。直到西元前三世紀，古希臘人的愛智慧精神仍有輝煌的表現。當羅馬軍隊攻入敘拉古城的時候，他們發現一個老人正蹲在沙地上潛心研究一個圖形。他就是赫赫有名的阿基米德。軍人要帶他去見羅馬統帥，他請求稍候片刻，等他解出答案，軍人不耐煩，把他殺了。劍劈來時，他只來得及說出一句話：「不要踩壞我的圓！」

三

凡是少年時代迷戀過幾何解題的人，對阿基米德大約都會有一種同情的理解。剛剛覺醒的求知欲的自我享受實在是莫大的快樂，令人對其餘一切視若無睹。當時的古希臘，才告別天人渾然不分的童稚的神話時代，正如同一個少年人一樣驚奇地發現了頭上的星空和周遭的萬物，試圖憑藉自己的頭腦對世界做出解釋。不過，思維力的運用至多是智慧的一義，而且是較不重要的一義。神話的衰落不僅使宇宙成了一個陌生的需要重新解釋的對象，而且使人生成了一個未知的有待獨立思考的難題。至少從蘇格拉底開始，古希臘哲人們更多地把智慧視作一種人生覺悟，並且相信這種覺悟乃是幸福的唯一源泉。

蘇格拉底，這個被雅典美少年崇拜的偶像，自己長得像個醜陋的腳夫，禿頂，寬臉，扁闊的鼻子，整年光著腳，裹一條襤褸的長袍，在街頭遊說。走過市場，看了琳琅滿目的貨物，他吃驚地說：「這裡有多少東西是我用不著的！」是的，他用不著，因為他有智慧，而智慧是自足的。若問何為智慧，我發現古希臘哲人們往往反過來斷定自足即智慧。在他們看來，人生的智慧就在於自覺限制對於外物的需要，過一種簡樸的生活，以便不為物役，保持精神的自由。人已被神遺棄，全能和不朽均成夢想，唯在無待外物而獲自由這一點上尚可與神比攀。蘇格拉底說得簡明扼要：「一無所需最像神。」柏拉圖理想中的哲學王既無恆產，又無妻室，全身心沉浸在哲理的探究中。亞里斯多德則反覆論證哲學思辨乃唯一的無所待之樂，因其自足性而是人唯一可能過上的「神聖的生活」。

但萬事不可過頭，自足也不例外。犬儒派哲學家偏把自足推至極端，把不待外物變成了拒斥外物，簡樸變成了苦行。最著名的是第歐根尼，他不要居室食具，學動物睡在街頭，從地上撿取食物，乃至在眾目睽睽下排泄和做愛。自足失去向神看齊的本意，淪為與獸認同，哲學的智慧被勾畫成了一幅漫畫。當第歐根尼聲稱從蔑視快樂中所得到的樂趣比從快樂本身中所得到的還要多時，再粗糙的耳朵也聽得出一種造作的意味。難怪蘇格拉底忍不住挖苦創立了犬儒學派的學生安提西尼說：「我從你外衣的破洞可以看穿你的虛榮心。」

學者們把古希臘倫理思想劃分為兩條線索，一是從赫拉克利特、蘇格拉底、犬儒派到斯多葛派的苦行主義，另一是從德謨克利特、昔勒尼派到伊比鳩魯派的享樂主義。其實，兩者的差距並不如想像的那麼大。德謨克利特和伊比鳩魯都把靈魂看作幸福的居所，主張物質生活上的節制和淡泊，只是他們並不反對享受來之容易的自然的快樂罷了。至於號稱享樂學派的昔勒尼派，其首領亞里斯提卜同樣承認智慧在大多數情況下能帶來快樂，而財富本身並不值得追求。有人把他帶到豪宅裡並警告他不得吐痰時，他把唾沫吐在那人臉上，輕蔑地說道，在鋪滿大理石的地板上實在找不到一個更適合於吐痰的地方。垂暮之年，他告訴他的女兒兼學生阿萊特，他留下的最寶貴的遺產乃是「不要重視非必需的東西」。

對希臘人來說，哲學不是一門學問，而是一種以尋求智慧為目的的生存方式，質言之，乃是一種精神生活。我相信這個道理千古不易。一個人倘若不能從心靈中汲取大部分的快樂，他算什麼哲學家呢？

四

當然，哲學給人帶來的不只是快樂，更有痛苦。這是智慧與生俱來的痛苦，從一開始就糾纏著哲學，永遠不會平息。

想一想普羅米修斯竊火的傳說或者亞當偷食智慧果的故事吧，幾乎在一切民族的神話中，智慧都是神的特權，人獲得智慧都是要受懲罰的。在神話時代，神替人解釋一切，安排一切。神話衰落，哲學興起，人要自己來解釋和安排一切了，他幾乎在躊躇滿志的同時就發現了自己力不從心。面對動物或動物般生活著的芸芸眾生，覺醒的智慧感覺到一種神性的快樂。面對宇宙大全，他卻意識到了自己的局限，不得不承受由神性不足造成的痛苦。人失去了神，自己卻並不能成為一個神，或者，用愛默生的話說，只是一個破敗中的神。

所謂智慧的痛苦，主要不是指智慧面對無知所感覺到的孤獨或所遭受到的迫害。在此種情形下，智慧毋寧說是更多地感到一種屬於快樂性質的充實和驕傲。智慧的痛苦來自內在於它自身的矛盾。古希臘哲人一再強調，智慧不是知識，不是博學。再博學的人，他所擁有的也只是對於有限和暫時事物的知識。智慧卻是要把握無限和永恆，由於人本身的局限，這個目標永遠不可能真正達到。

大多數早期哲學家對於人認識世界的能力都持不信任態度。例如，恩培多克勒說，人「當然無法越過人的感覺和精神」，而哲學所追問的那個「全體是很難看見、聽見或者用精神掌握的」。德謨克里特說：「實際上我們絲毫不知道什麼，因為真理隱藏在深淵中。」請注意，這兩位哲學家歷來被說成堅定的唯物論者和可知論者。

說到對人自己的認識，情形就更糟。有人問泰勒斯，世上什麼事最難，他答：「認識你自己。」蘇格拉底把哲學的使命限定為「認識你自己」，而他認識的結果卻是發現自己一無所知，於是得出結論「人的智慧微乎其微，沒有價值」，而認識到自己的智慧沒有價值，也就是人的最高智慧之所在了。

當蘇格拉底承認自己「一無所知」時，他所承認無知的並非政治、文學、技術等專門領域，而恰恰是他的本行——哲學，即對世界和人生的底蘊的認識。其實，在這方面，人皆無知。但是，一般人無知而不自知其無知。對於他們，當然就不存在所謂智慧的痛苦。

一個人要在哲學方面自知其無知，前提是他已經有了尋求世界和人生之根底的熱望。而他之所以有這尋根究底的熱望，必定對於人生之缺乏根底已經感到了強烈的不安。仔細分析起來，他又必定是在意識到人生缺陷的同時即已意識到此缺陷乃是不可克服的根本性質的缺陷，否則他就不至於如此不安了。所以，智慧從覺醒之日起就包含著絕望。

以愛智慧為其本義的哲學，結果卻是否定智慧的價值，這真是哲學的莫大悲哀。然而，這個結果命中註定，在劫難逃。哲學所追問的那個一和全，絕對，終極，永恆，原是神的同義語，只可從信仰中得到，不可憑人的思維能力求得。除了神學，形而上學如何可能？走在尋求本體之路上的哲學家，到頭來不是陷入懷疑主義，就是倒向神祕主義。在精神史上，蘇格拉底似乎只是荷馬與基督之間的一個過渡人物。神話的直觀式信仰崩潰以後，遲早要建立宗教的理智式信仰，以求給人類生存提供一個整體的背景。智慧曾經在繈褓中沉睡而不知痛苦，覺醒之後又不得不靠催眠來麻痹痛苦，重新沉入漫漫長夜。到了近代，基督教信仰崩潰，智慧再度覺醒並發出痛苦的呼叫，可是人類還能造出什麼新式的信仰呢？不過，儘管人的智慧有其局限，愛智慧並不因此就屬於徒勞。其實，智慧正是人超越自身局限的努力，唯憑此努力，局限才顯現了出來。一個人的靈魂不安於有生有滅的肉身生活的限制，尋求超越的途徑，不管他的尋求有無結果，尋求本身已經使他和肉身生活保持了一個距離。這個距離便是他的自由，他的收穫。智慧的果實似乎是否定性的：理論上——「我知道我一無所知」；實踐上——「我需要我一無所需」。然而，達到了這個境界，在謙虛和淡泊的哲人胸懷中，智慧的痛苦和快樂業已消融為一種和諧的寧靜了。

五

人們常說：希臘人尊敬智慧，正如印度人尊敬神聖，義大利人尊敬藝術，美國人尊敬商業一樣；希臘的英雄不是聖者、藝術家、商人，而是哲學家。這話僅在一定程度上是對的。例如，泰勒斯被尊為七賢之首，名望重於立法者梭倫；德謨克里特高齡壽終，城邦為他舉行國葬。但是，我們還可找到更多相反的例子，證明希臘人迫害起哲學家來，其兇狠絕不在別的民族之下。雅典人不僅處死了本邦僅有的兩位哲學家之一——偉大的蘇格拉底，而且先後判處來自外邦的阿那克薩哥拉和亞里斯多德死刑，迫使他們逃亡，又將普羅泰戈拉驅逐出境，焚毀其全部著作。畢達哥拉斯和他的四十餘名弟子，除二人僥倖逃脫外，全部被克羅托內城的市民捕殺。赫拉克利特則差不多是餓死在愛菲斯郊外的荒山中的。

希臘人真正崇拜的並非精神上的智者，而是肉體上的強者——運動員。四年一屆的奧林匹克運動會上的優勝者不但可獲許多獎金，而且名滿全希臘，乃至當時希臘歷史紀年也以他們的名字命名。克塞諾芬尼目睹此情此景，不禁提出抗議：「這當然是一種毫無根據的習俗，重視體力過於重視可貴的智慧，乃是一件不公道的事情。」這位哲學家平生遭母邦放逐，身世對照，自然感慨系之。僅次於運動員，出盡風頭的是戲劇演員，人們給競賽獲獎者戴上象牙冠冕，甚至為之建造紀念碑。希臘人實在是一個愛娛樂遠勝於愛智慧的民族。然而，就人口大多數言，哪個民族不是如此？古今中外，老百姓崇拜的都是球星、歌星、影星之類，哲學家則難免要坐冷板凳。對此不可評其對錯，只能說人類天性如此，從生命本能的立場看，也許倒是正常的。

令人深思的是，希臘哲學家之受迫害，往往發生在民主派執政期間，通過投票做出判決，且罪名一律是不敬神。哲人之為哲人，就在於他們對形而上學問題有獨立的思考，而他們思考的結果卻要讓從不思考這類問題的民眾來表決，其命運就可想而知了。民主的原則是少數服從多數，哲學家卻總是少數，確切地說，總是天地間獨此一人，所需要的恰恰是不服從多數也無須多數來服從他的獨立思考的權利，這是一種超越於民主和專制之政治範疇的精神自由。對哲學家來說，不存在最好的制度，只存在最好的機遇，即一種權力對他的哲學活動不加干預，至於這權力是王權還是民權好像並不重要。

在古希臘，至少有兩位執政者是很尊重哲學家的。一位是雅典民主制的締造者伯里克利，據說他對阿那克薩哥拉懷有「不尋常的崇敬和仰慕」，執弟子禮甚勤。另一位是威震歐亞的亞歷山大大帝，他少年時師事亞里斯多德，登基後仍盡力支持其學術研究，並寫信表示：「我寧願在優美的學問方面勝過他人，而不願在權力統治方面勝過他人。」當然，事實是他在權力方面空前地勝過了他人。不過，他的確是一個愛智慧的君主。

如果說阿那克薩哥拉和亞里斯多德有幸成為王者師，還有若干哲學家則頗得女人的青睞。首創女校和沙龍的阿斯帕齊婭是西方自由女性的先驅，極有口才，據說她曾與蘇格拉底同居並授以雄辯術，後來則成了伯里克利的伴侶。一代名妓拉依斯，各城邦如爭荷馬一樣爭為其出生地，身價極高，她卻甘願無償惠顧第歐根尼。另一位名妓弗里妮，平時隱居在家，出門遮上面紗，輕易不讓人睹其非凡美貌，卻因傾心於柏拉圖派哲學家克塞諾克拉特之清名，竟主動到他家求宿。伊比鳩魯的情婦兼學生李昂馨，也是一位多才多藝的妓女。在當時的雅典，這些風塵女子是婦女中文化和情趣的佼佼者，見識遠在一般市民之上，遂能慧眼識哲人。

如此看來，希臘哲學家的境遇倒值得羡慕了。今日有哪個亞歷山大會師事亞里斯多德，哪個拉依斯會寵愛第歐根尼？你一定會問：今日的亞里斯多德和第歐根尼又在哪裡？應該說，與後世相比，古希臘人的確稱得上尊敬智慧，古希臘不愧是哲學和哲學家的黃金時代。

02

玩骰子的兒童

一

西元前六世紀左右，在希臘殖民的伊奧尼亞地區有兩個最著名的城邦，一是米利都，一是愛菲斯。這兩個城邦都地處繁榮的港口，盛產商人。然而，它們之所以青史留名，則是因為出產了一個比商人稀有得多的品種——哲人。米利都向人類貢獻了最早的哲學家泰勒斯、阿那克西曼德和阿那克西美尼，史稱米利都學派。比較起來，哲學家在愛菲斯就顯得孤單，史無愛菲斯學派，只有一位愛菲斯的赫拉克利特。

這倒適合赫拉克利特的脾氣，他生性孤傲，不屑與任何人為伍。希臘哲學家講究師承，唯獨他前無導師，後無傳承，彷彿天地間偶然蹦出了這一個人。他自己說，他不是任何人的學生，從自己身上就學到了一切。他也的確不像別的哲學家那樣招收門徒，延續譜系。他一定是一個獨身者，文獻中找不到他曾經結婚的蛛絲馬跡。世俗的一切，包括家庭、財產、名聲、權力，都不在他的眼裡。當時愛菲斯處在波斯帝國的統治下，國王大流士一世慕名邀他進宮，他回信謝絕道：「我懼怕顯赫，安於卑微，只要這卑微適宜於我的心靈。」其實他的出身一點也不卑微，在愛菲斯首屈一指，是城邦的王位繼承人，但他的靈魂更是無比高貴，足以使他藐視人世間一切權力，把王位讓給了他的弟弟。

在赫拉克利特的人際關係中，我們只知道他有過一個好友，名叫赫爾謨多羅。赫爾謨多羅是一位政治家，在城邦積極推進恢復梭倫所立法律的事業，結果被愛菲斯人驅逐。這件事給赫拉克利特的刺激必定極大，使他對公眾的愚昧和多數的暴力產生了深深的厭惡。針對此事，他悲憤地說：「應該把愛菲斯的成年人都吊死，把城邦交給少年人管理，因為他們驅逐了他們中間那個最優秀的人。」也許在這之後，赫拉克利特與全愛菲斯人決裂了，過起了離群索居的生活，成了一個隱士。

在愛菲斯城郊有一座阿耳忒彌斯神廟，供奉月亮和狩獵女神。赫拉克利特在世時，神廟處在第二次重建中，這項工程歷時一百二十年，終於建成為早期伊奧尼亞式最壯麗的建築、到那時為止全希臘最大的神殿，被後人列為世界七大奇觀之一。赫拉克利特的隱居所就在這座神廟附近。可以想像，當時由於正在施工，它實際上是一片工地，孩子們便常來這裡玩耍。我們的哲學家也和孩子們一起玩耍，玩得最多的是擲用羊蹠骨做的骰子。在愛菲斯人眼裡，一個成年人不幹正事，成天和孩子們一起扔動物骨頭，不啻是瘋子的行徑。於是，全城的人都湧來瞧熱鬧、起哄、嘲笑。這時候，瘋子向喧囂的人群拋出了一句無比輕蔑的話：「無賴，有什麼可大驚小怪的！這豈不比和你們一起搞政治更正當嗎？」阿耳忒彌斯神廟建成後六十餘年即毀於火災，不復存在，而這一句警語卻越過歲月的廢墟，至今仍在我的耳邊迴響。後來，赫拉克利特越發憤世嫉俗，竟至於不願再看見人類，乾脆躲進了深山，與禽獸為伍，以草根樹皮為食，患了水腫病，在六十歲上死了。

二

哲學家往往和世俗保持相當遠的距離，站在這距離之外看俗界世相，或者超然而淡漠，或者豁達而寬容。古希臘哲人大多如此，他們生活在自己的世界裡，懶得與俗人較真。蘇格拉底雖然在最後時刻不向俗人屈服，從容就義，但平時的態度十分隨和，最多只是說幾句聰明的挖苦話罷了。哲學家憤世嫉俗，似乎有失哲人風度。在古希臘，常有城邦驅逐哲學家的事發生，然而，像赫拉克利特這樣自我放逐於城邦的情形卻絕無僅有。縱觀西方哲學史，也能找出少數以憤世嫉俗著稱的哲學家，例如叔本華和尼采，但都遠沒有弄到荒山穴居做野人的地步。在古今哲學家中，赫拉克利特實為憤世嫉俗之最。

赫拉克利特顯然是一個有嚴重精神潔癖的人。他雖然鄙棄了貴族的地位和生活，骨子裡卻是一個貴族主義者。不過，他心目中的貴族完全是精神意義上的。在他看來，區分人的高貴和卑賤的唯一界限是精神，是精神上的優秀或平庸。他明確宣布，一個優秀的人抵得上一萬人。他還明確宣布，多數人是壞的，只有極少數人是好的。他所說的優劣好壞僅指靈魂，與身分無關。「最美麗的猴子與人相比也是醜陋的。」我從這句話中聽出的意思是：那些沒有靈魂的傢伙，不管在社會上多麼風光，仍是一副醜相。

赫拉克利特生前有諸多綽號，其中之一是「辱罵群眾的人」。他的確看不起芸芸眾生，在保存下來的不多言論中，有好些是譏諷庸眾的。他說：「如果幸福在於肉體的快感，那麼牛找到草料吃的時候便是幸福的。」「驢子寧要草料不要黃金。」「豬在汙泥中取樂。」通常把這些話的含義歸結為價值的相對性，未免膚淺。當他說著這些話的時候，他顯然不只是在說牛、驢子和豬，而一定想到了那些除了物質享樂不知幸福為何物的人。庸眾既不諳精神的幸福，亦沒有真正的信仰。他們所謂的信仰，不過是世俗的欲望加上迷信，祭神時所祈求的全是非常實在的回報。即使真有神存在，也絕不會如俗人所想像，能夠聽見和滿足他們的世俗欲望。看到人們站在神殿裡向假想的神祈禱，赫拉克利特覺得他們就像在向房子說話一樣愚蠢可笑。他是最早把宗教歸於個人內心生活的思想家之一，宣稱唯有「內心完全淨化的人」才有真信仰，這樣的人擯棄物質的祭祀，僅在獨處中與神交流。

最使赫拉克利特憤恨的是庸眾的沒有頭腦。「多數人對自己所遇到的事情不做思考，即使受到教訓後也不明白，雖然自以為明白。」人們基本上是人云亦云，「相信街頭賣唱的人」，受意見的支配，而意見不過是「兒戲」。更可悲的是，在普遍的無知之中，人們不以無知為恥，反以為榮。常常可以看見這樣的人，他們腦中只有一些流行的觀念和淺薄的常識，偏喜歡在大庭廣眾之中當作創見宣布出來。彷彿是針對他們，赫拉克利特說：「掩蓋自己的無知要比公開表露好些。」理由不言而喻：無知而謙卑表明還知恥，無知而狂妄則是徹頭徹尾的無恥了。

在赫拉克利特看來，多數人的靈魂是蒙昧的。不過，公平地說，他倒並不認為先天就是如此。他明確地說：「理性能力是靈魂所固有的。」「人人都有認識自己和健全思考的能力。」然而，人們不去發展靈魂中這種最寶貴的能力，運用它認識世界的真理，反而任其荒廢，甘願生活在內部和外部的黑暗之中。靈魂蒙昧的人如同行屍走肉，用一句諺語來說，便是「人雖在場卻不在場」，在場的只是軀體，不在場的是靈魂。沒有靈魂的引導，眼睛和耳朵就成了壞的見證，只會對真理視而不見、聽而不聞了。「他們既不懂得怎樣聽，也不懂得怎樣說。」「即使聽見了，也不理解，就像聾子一樣。」上帝不給你頭腦倒也罷了，可恨的是給了你頭腦而你偏不用，仍像沒有頭腦一樣地活著。赫拉克利特實在是恨鐵不成鋼。鐵本來是可以成為鋼的，所以才恨鐵不成鋼，沒有人會恨廢料不成鋼。可是，看來許多鐵已與廢料無異，不可能成為鋼了。赫拉克利特經常用醒和睡做譬喻。舉目四望，他是唯一的醒者，眾人皆昏睡，喚也喚不醒。最後，他終於絕望了，拋棄了這些昏睡者，也拋棄了人類。

三

赫拉克利特不但蔑視群眾，還蔑視在他之前和與他同時的所有哲學家。倘若他活到今天，我相信他還會蔑視在他之後的絕大多數哲學家。在他眼裡，希臘自荷馬以來幾乎沒有一個智慧的人。在說出「博學不能使人智慧」這句名言之後，他把赫西奧德、畢達哥拉斯、克塞諾芬尼舉作了例子。聽了許多同時代人的講演，他斷定其中沒有一個人知道何為智慧。那麼，究竟什麼是智慧呢？他說就是「認識那駕馭一切的思想」，簡要地說，就是「認識一切是一」。這聽起來好像一點也不新鮮。尋找多中之一，原是哲學的題中應有之義，自泰勒斯以來，包括被他舉作不智慧典型的畢達哥拉斯、克塞諾芬尼在內，哲學家們都在做這件事。赫拉克利特的獨特之處在哪裡？

一切皆變，生命無常，這是人類生存所面臨的一個基本事實。這個事實給人類生存的意義打上了問號，而人類之所以需要哲學，正是為了擺脫這個問號。絕大多數哲學家的辦法是，在變易背後尋找一個不變的東西，名之為本原、本體、實體、本質等等，並據此把變易貶為現象。正是在這一點上，赫拉克利特顯示了他的與眾不同。他對變易極其敏感，任何靜止的假象都騙不了他，他眼中的世界是一條永不停息的河流，人不能兩次踏進去，甚至不能一次踏進去，因為在踏進的瞬間它已發生變化。他不但看見變易，而且相信感官的證據，也只承認變易。即使從整體上把握，世界也仍是一個無始無終的變化過程。變是唯一的不變之事，在變的背後並不存在一個不變之物。所謂「一切是一」中的「一」，不是一個超越於變化的實體，而就是這個永恆的變化過程。當赫拉克利特用「永恆的活火」來稱呼這個過程時，應該說是找到了一個確切的象徵。火不是實體，而是燃燒和熄滅、作用和過程。「永恆的活火」就是永恆的變易，無始無終的創造和毀滅。總之，變易是世界的唯一真理，除了變易，別無所有。可是，對人類來說，這樣一種世界觀豈不太可怕了一些？如果變易就是一切，世界沒有一個穩定的核心、一個我們可以寄予希望的彼岸，我們如何還有生活下去的信心？一個人持有這樣的世界觀，就不可避免地會厭世，看破一切暫時之物的無價值。赫拉克利特也許就是這樣。我聽見他說出了一句冷酷的話：「時間是一個玩骰子的兒童，兒童掌握著王權！」如此看來，當他在阿耳忒彌斯神廟旁和孩子們一起玩骰子時，他哪裡是在遊戲，簡直是在從事一種「行為哲學」。我彷彿看見他以鄙夷的目光望著圍觀的愛菲斯人，又越過圍觀者望著人類，冷笑道：人類呵，你們吃著、喝著、繁殖著、傾軋著，還搞什麼政治，自以為是世界的主人，殊不知你們的命運都掌握在一個任性的孩子手裡，這孩子就是時間，它像玩骰子一樣玩弄著你們的命運，使你們忽輸忽贏，乍悲乍喜，玩厭了一代人，又去玩新的一代，世世代代的人都要被它玩弄，被它拋棄……

然而，對於這同一句話，有一個哲學家聽出了另一種全然不同的意思。跨越兩千多年的時空，尼采在赫拉克利特這裡找到了他的唯一的哲學知己。他相信，當赫拉克利特和頑童們遊戲時，心中所想的是宇宙大頑童宙斯的遊戲。做為永恆變易過程的宇宙，它就是一個大頑童，創造著也破壞著，創造和破壞都是它的遊戲，它在萬古歲月中以這遊戲自娛。我們如果感受到了它的遊戲的快樂，就不會為生存的短暫而悲哀了。一切暫時之物都是有價值的，按照尼采的說法，即是審美的價值，因為孩子在遊戲時就是藝術家，遊戲的快樂就是審美的快樂。

有道理嗎？也許有一點。永恆的活火對於我們的生存既是判決，又是辯護。它判決我們的生存註定是暫時的，斷絕了通往永恆的一切路徑。同時，正因為它廢除了彼岸，也就宣告無須等到天國或來世，就在此時此刻，我們的生存已經屬於永恆，是宇宙永恆變易過程的一個片段。然而，即便如此，做永恆活火的一朵瞬間熄滅的火苗，這算什麼安慰呢？

事實上，我在赫拉克利特身上並沒有發現所謂的審美快樂，毋寧說他是冷漠的。他超出人類無限遠，面對人類彷彿只是面對著幻象，以至於尼采也把他比喻為「一顆沒有大氣層的星辰」。對我來說，赫拉克利特的世界觀是可信而不可愛的，因為我不可能成為玩骰子的宇宙大頑童本人，又不甘心只在它某一次擲骰子的手勢中旋生旋滅。

四

「那個在德爾斐廟裡發布讖語的大神既不挑明，也不遮掩，而只是用隱喻暗示。」赫拉克利特如是說。其實他自己與阿波羅神有著相同的愛好。

赫拉克利特著述不多，據說只有一部，不像後來的希臘哲學家，幾乎個個是寫作狂，作品清單一開百八十部。流傳下來的則更少，皆格言式，被稱為殘篇，但我相信那就是他本來的寫作形式。大約因為料定無人能讀懂，他把作品藏在阿耳忒彌斯神廟裡，祕不示人。身後不久，這些作品流散開來，使他獲得了晦澀哲人的名號。蘇格拉底讀到過，承認自己唯讀懂了一部分，但意識到了這是一個寶藏，對歐里庇得斯說，若要領會其中妙處，就必須「像一個潛水探寶者那樣深入到它的底部去」。亞里斯多德也讀到過，他的嚴格的修辭學頭腦卻接受不了這些神諭式的文字，抱怨讀不懂甚至無法斷句。

從保存下來的文字看，其實不可一概而論。其中，有一些十分通俗明白，例如：「不要對重要的事情過早下判斷。」「獲得好名譽的捷徑是做好人。」「在變化中得到休息，服侍同一個主人是疲勞的。」有一些言簡意賅，耐人尋味，例如：「我尋找過我自己。」「性格就是命運。」還有一些就很費猜測了，例如：「靈魂在地獄裡嗅著。」「凡是在地上爬行的東西，都被神的鞭子趕到牧場上去。」其間明晦的差別，顯然是因為話題的不同，本來簡單的就不要故弄玄虛，本來深奧的就無法直白。不過，無論哪一種情況，我們都看到，共同的特點是簡練。第歐根尼．拉爾修輯錄的赫氏言行是後世瞭解這位哲學家的最主要來源之一，他雖也談及了人們對其文風的非議，但仍讚揚道：「他的表達的簡潔有力是無與倫比的。」這是公正的評價，在相當高程度上至今仍然適用。我們至少可以把赫拉克利特看作西方哲學中格言體的始祖，而把奧勒留、帕斯卡、尼采等人看作他的優秀的繼承者。

就哲學寫作而言，我認為簡練是一個基本要求。簡練所追求的正是不晦澀，即用最準確因而也就是最少而精的語言表達已經想清楚的道理。不能做到簡練，往往是因為思想本來不清晰，或者缺乏捕捉準確語言的能力，於是不得不說許多廢話。更壞的是故弄玄虛，用最複雜的語言說最貧乏的內容，雲山霧罩之下其實空無一物，轉彎抹角之後終於撲了一空。然而，在不動腦子的讀者眼裡，簡練很容易被看作晦澀。這也正是赫拉克利特的命運。簡練之所以必要，理由之一恰恰是要讓這樣的讀者看不懂，防止他們把作者的深思熟慮翻譯成他們的日常俗見。一個珍愛自己思想的哲學家應該這樣寫作：一方面，努力讓那些精緻的耳朵聽懂每一句話；另一方面，絕不為了讓那些粗糙的耳朵聽懂——它們反正聽不懂——而多說一句不必要的話。如此寫出的作品，其風格必是簡練的。

在涉及某些最深奧的真理時，晦澀也許是不可避免的。赫拉克利特說：「自然喜歡躲藏起來。」這句話本身是隱喻，同時也闡釋了隱喻的理由。我從中聽出了兩層含義：第一，自然是頑皮的，喜歡和尋找它的人捉迷藏；第二，自然是羞怯的，不喜歡暴露在光天化日之下。所以，在接近自然的奧祕時，一個好的哲人應當懷有兩種心情，既像孩子一樣天真好奇，又像戀人一樣體貼小心。他知道真理是不易被捉到，更不可被說透的。真理躲藏在人類語言之外的地方，於是他只好說隱喻。

03

未經省察的人生沒有價值

一

西元前三九九年春夏之交某一天，雅典城內，當政的民主派組成了一個五百零一人的法庭，審理一個特別的案件。被告是哲學家蘇格拉底（前四六九年～前三九九年），此時年已七十，由於他常年活動在市場、體育場、手工作坊等公共場所，許多市民都熟悉他。審理在當天完成，結果是他以不敬神和敗壞青年的罪名被判處死刑。這是人類歷史上最怪誕的一頁，一個人僅僅因為他勸說同胞過更好的生活，就被同胞殺害了。

雅典是哲學的聖地，但看來不是哲學家的樂園，出身本邦的哲學家只有兩個，蘇格拉底被處死，年輕的柏拉圖在老師死後逃到了國外。這又是人類歷史上最光榮的一頁，一個人寧死不放棄探究人生真理的權利，為哲學殉難，證明了人的精神所能達到的高度。正因為出了蘇格拉底，雅典才不愧是哲學的聖地。

多虧柏拉圖的生花妙筆，把當年從審判到執行的整個過程栩栩如生地記述了下來，使我們今天得以領略蘇格拉底在生命最後時刻的哲人風采。柏拉圖師從蘇格拉底十年，當時二十八歲，審判時在場，還上臺試圖為老師辯護，法官嫌他年輕把他轟了下來。評家都承認，柏拉圖太有文學才華，記述中難免有虛構的成分。他大約早就開始記錄老師的言論，據說有一次朗讀給蘇格拉底聽，蘇格拉底聽罷說道：「我的天，這個年輕人給我編了多少故事！」儘管如此，評家又都承認，由於他自己是大哲學家，能夠理解老師，他的證詞遠比色諾芬所提供的可靠。色諾芬也是蘇格拉底的學生，但毫無哲學天賦，審判時又不在場，老師死後，深為扣在老師頭上的兩個罪名苦惱，要替老師洗清，在回憶錄中把蘇格拉底描繪成一個虔敬守法的平庸之輩。英國學者伯奈特說：「色諾芬為蘇格拉底做的辯護實在太成功了，如果蘇格拉底真是那個樣子，就絕不會被判死刑。」英國哲學家羅素彷彿從中吸取了教訓，表明態度：「如果需要讓人複述我的話，我寧願選一個懂哲學的我的死敵，而不是一個不懂哲學的我的好友。」不過他倒不必有這個擔憂，因為雖然蘇格拉底述而不作，卻驚人地多產，哪裡還有別人複述的餘地。

現在，我們主要依據柏拉圖的記述，在若干細節上參考色諾芬的回憶，來察看這個案子的來龍去脈。原告有三人。跳在臺前的是無名詩人美勒托，長一根鷹鉤鼻，頭髮細長，鬍鬚稀疏，一看就是個愛惹是生非的傢伙。還有一個無名演說家，名叫萊康。實際主使者是皮匠安尼圖斯，一個活躍的政客，終於當上了民主政權二首領之一。他的兒子是蘇格拉底的熱心聽眾，常常因此荒廢皮革作業，使他十分惱火。在他政壇得勢之後，蘇格拉底曾挖苦他說：「現在你用不著再讓兒子做皮匠了吧。」這更使他懷恨在心，遂唆使美勒托提起訴訟。事情的起因看上去小得不能再小，似乎是個別人泄私憤，何以竟能夠掀起偌大波瀾，終於要了蘇格拉底的命？

其實，安尼圖斯之流惱恨蘇格拉底，多少代表了一般市民的情緒。蘇格拉底喜在公共場所談論哲學，內容多為質疑傳統的道德、宗教和生活方式，聽眾又多是像安尼圖斯的兒子這樣的青年。雅典的市民是很保守的，只希望自己的孩子恪守本分，繼承父業，過安穩日子。像蘇格拉底這樣整天招一幫青年談論哲學，不務正業，在他們眼裡就已經是敗壞青年了，因此，一旦有人告狀，他們很容易附和。當然，把一個哲學家——不管是不是蘇格拉底——交給幾百個不知哲學為何物的民眾去審判，結局肯定凶多吉少。

蘇格拉底之處於劣勢，還有一層原因，便是在場的審判員們早在年少時就聽慣流言，形成了對他的成見。他對此心中有數，所以在申辯一開始就說，那些散布流言的人是更可怕的原告，因為他們人數眾多，無名無姓，把他置於無法對質卻又不得不自辯的境地。他說他只知道其中有一個喜劇作家，他未點名，不過誰都明白是指阿里斯托芬。二十四年前，阿里斯托芬在喜劇《雲》中把蘇格拉底搬上舞臺，刻畫成一個滿口胡謅天體理論的自然哲學家和一個教青年進行可笑詭辯的智者。在觀眾心目中，前者所為正是不敬神，後者所為正是敗壞青年，二者合併成醜化了的蘇格拉底形象。真實的蘇格拉底恰與二者有別，他把哲學從天上引回了人間，從言辭引向了實質，但觀眾哪裡顧得上分辨。蘇格拉底是阿里斯托芬的朋友，當年喜劇上演時，他還去捧場，臺上的蘇格拉底出場，觀眾席上的他湊趣地站起來亮相，實在憨得可以。他和阿里斯托芬大約都沒有料到，愛看戲不愛動腦子的老百姓會把戲說當真，以訛傳訛，添油加醋，終於弄到使他有口莫辯的地步。

二

平心而論，在審判之初，無論三個原告，還是充當判官的民眾，都未必想置蘇格拉底於死地。他們更希望的結果毋寧是迫使蘇格拉底屈服，向大家認錯，今後不再聚眾談論哲學，城邦從此清靜。可是，蘇格拉底彷彿看穿了他們的意圖，偏不示弱，以他一向的風格從容議論，平淡中帶著譏刺，雄辯而又詼諧。這種人格上和智力上的高貴真正激怒了聽眾，他申辯時，審判席上一陣陣騷動，矛盾越來越激化。

蘇格拉底大約一開始就下定了赴死的決心。美勒托準備起訴的消息傳開，有同情者見他毫不在乎，行為無異於往常，便提醒他應該考慮一下如何辯護，他回答：「難道你不認為我一生都在做這件事，都在思考什麼是正義、什麼是非正義，在實行正義和避免非正義，除此之外什麼也沒有做嗎？」他的確用不著準備，只需在法庭上堅持一貫的立場就行了。當然，他完全知道這樣做的後果是什麼。他比原告和法官更清醒地預見到了結局，審判實質上是遵照他的意志進展的。他胸有成竹，一步步把審判推向高潮，這高潮就是死刑判決。

按照程序，審判分兩段。第一段是原告提出訟詞，被告提出辯護，審判員投票表決是否有罪。在這一段，蘇格拉底回顧了自己從事街頭哲學活動的起因和經歷，斷言這是神交給他的使命。人們的憤恨本來就集中在這件事上，倘若他想過關，至少該稍稍顯示靈活的態度，他卻一點餘地不留，宣布道：「神派我一生從事哲學活動，我卻因怕死而擅離職守，這才荒謬。雅典人啊，我敬愛你們，可是我要服從神過於服從你們。只要我一息尚存，就決不放棄哲學。」他把自己比作一隻牛虻，其職責是不停地叮咬人們，喚醒人們，使人們對專注於錢財和榮譽、不在意智慧和靈魂的生活感到羞愧。

原則不肯放棄，還有一個方法能夠影響判決。按雅典的慣例，被告的妻兒可以到庭懇求輕判，這種作法往往有效。蘇格拉底有妻子，有三個兒子，其中兩個還年幼，但他不讓他們到庭。他不屑於為此，諷刺說：「我常見有聲望的人受審時做出這種怪狀，演這種可憐戲劇，他們是邦國之恥。」投票的結果是以二百八十一票比二百二十票宣告他有罪。票數相當接近，說明在場不少人還是同情他的。

審判進入第二段，由原告和被告提議各自認為適當的刑罰，審判員進行表決，在二者中擇一。美勒托提議判處死刑。蘇格拉底說：「我提議用什麼刑罰來代替呢？像我這樣對城邦有貢獻的人，就判我在專門招待功臣和貴賓的國賓館用餐吧。」說這話是存心氣人，接下來他有些無奈地說：「我每日討論道德問題，省察自己和別人，原是於人最有益的事情，可是一天之內就判決死刑案件，時間太短，我已無法讓你們相信一個真理了，這個真理就是『未經省察的人生沒有價值』」。

要逃避死刑，有一個通常的辦法，就是自認充分的罰款。只要款額足夠大，審判員往往寧願選擇罰款而不是死刑。說到這一層，蘇格拉底表示，他沒有錢，或許只付得起一個銀幣。這是事實，他荒廢職業，整日與人談話，又從不收費，怎能不窮。不過，他接著表示，既然在場的柏拉圖、克里托等人願為他擔保，勸他認三十個銀幣，他就認這個數吧。這個數也很小，加上他的口氣讓人覺得是輕慢法庭，把審判員們有限的同情也消除了。人們終於發現，最省事的辦法不是聽他的勸反省自己，而是把這個不饒人的傢伙處死。

判決之後，蘇格拉底做最後的發言：「我缺的不是言辭，而是厚顏無恥、哭哭啼啼，說你們愛聽的話。你們習慣看別人這樣，但這不配我做。逃死不難，逃罪惡難，罪惡追人比死快。我又老又鈍，所以被跑慢的追上；你們敏捷，所以被跑快的追上。我們各受各的懲罰，合當如此。」然後又以他特有的反諷委託判官們：「我兒子長大後，如果關注錢財先於德行，沒有出息而自以為有出息，請責備他們，一如我責備你們。」這篇著名辯詞用一句無比平靜的話結束：「分手的時候到了，我去死，你們去活，誰的去路好，唯有神知道。」

三

每年德利阿節，雅典政府派出朝聖團乘船渡海，去阿波羅誕生地提洛斯祭祀，法律規定朝聖團未返回就不得行刑。對蘇格拉底的審判是在船出發的第二天進行的，因此他必須在監獄裡等候一些日子。趁著船沒有回來，我們就近觀察這位哲學家，回顧他的身世和行狀。

首先引起我們注意的是他的奇特長相。雖然他生在雅典，卻完全不像是一個希臘人。他有一張扁平臉，一個寬大的獅鼻，兩片肥厚的嘴唇。這張臉醜得如此與眾不同，以至於一個會看相的異邦人路過雅典，看見了他，當面說他是一個怪物。他有一個大肚子，但身體壯實，與人談話時總是側低著頭，目光炯炯，像一頭公牛。

他出身貧賤，父親是雕刻匠，母親是接生婆。子承父業，他自己年輕時也以雕刻為業，據說雅典衛城入口處的美惠女神群像就是他的作品。不過，他對這門行業頗有微詞，嘲笑雕刻匠盡力把石塊雕刻得像人，在自己身上卻不下功夫，結果使自己看上去像是石塊而不是人了。為了維持起碼的生計，他大約仍不免要雕刻石塊，但更多的時候幹起了雕刻人的靈魂的行當。在相同的意義上，他還繼承了母業，樂於做思想的接生婆。

不像當時和後來的許多哲學家抱定獨身主義，他在婚姻問題上倒是隨波逐流的，而且娶了兩個老婆。第一個老婆贊西佩為他生有一子，後來，據說是因為戰爭，雅典人口銳減，當局允許討小老婆，他又娶法官的女兒密爾多，再得二子。贊西佩是有名的潑婦，一個眾所周知的故事是，一次在蘇格拉底挨了一頓臭罵之後，贊西佩又把一盆髒水扣在他的頭上，而他只是輕描淡寫地自嘲道：「我不是說過，贊西佩的雷聲會在雨中結束？」他如此解釋與悍婦相處的好處：一旦馴服了烈馬，別的馬就好對付了；與贊西佩在一起，他學會了調整自己，從而可以適應任何人。其實他心裡明白，和他這樣一個不顧家計的人過日子，當妻子的並不容易，所以常常在挨罵後承認罵得有理。他是通情達理的，大兒子忍受不了母親的壞脾氣，向他抱怨，他總是站在母親的立場上好言規勸。

蘇格拉底的家境必定十分清貧。他在法庭上說：「多少年來，我拋開自己的一切事務，只為你們忙，不取報酬，我的貧窮就是證據。」這一點無可懷疑。他自稱「業餘哲學研究者」，與人談話只是出於愛好，任何人想聽就聽，自己不要老師的身分，所以也就不收費。

當時一班智者靠哲學賺錢，他對此感到震驚，說自稱教導德行的人怎麼能索取金錢為報酬。他也絕不收禮，認為一個人向任何人收取金錢，就是給自己樹立了一個主人，把自己變成了奴隸。對於來自顯貴和國王的邀請及禮物，他一概拒絕。一個有錢有勢的崇拜者要送他一大塊地蓋房，他問道：「假如我需要一雙鞋子，你為此送給我一整張獸皮，而我竟然接受，豈不可笑？」其實他連鞋子也不需要，無論冬夏都光著腳丫，穿一件破衣。這也許有窮的原因，但更多是為了鍛煉吃苦耐勞的能力。

蘇格拉底的學生安提西尼創立犬儒哲學，主張把物質需要減到最低限度，以求獲得最大限度的精神自由。這個思想實際上肇始於蘇格拉底。蘇格拉底常說，別人是為了吃而活，他是為了活而吃。他偶爾也出席朋友們的宴會，而且酒量無敵，但平時節制飲食，討厭大吃大喝。荷馬史詩《奧德賽》中的女巫瑟西用巫術把尤利西斯的同伴們變成了豬，他提出歪解：瑟西是通過大擺宴席把人變成豬的。有一天，他逛雅典市場，看完後歎道：「原來我不需要的東西有這麼多啊！」智者安提豐問他：「哲學家理應教人以幸福，你卻吃最粗陋的食物，穿最襤褸的衣服，豈不是在教人以不幸嗎？」他答道：「正相反，一無所需最像神，所需越少越接近於神。」

不過，他雖然鄙視物質，卻十分注意鍛煉身體。其實二者都是為了做身體的主人，使它既不受物欲牽制，又能應付嚴酷的環境。每天早晨，他都去體育場鍛煉，身體健壯超於常人。雅典流行了好幾場瘟疫，他是唯一沒有被感染的人。他的後半生在長達二十七年的伯羅奔尼撒戰爭中度過，參加過三次戰役，他的強壯體魄——當然，還有他的勇敢——在戰爭環境中顯出了優勢。據當時與他一起參戰的青年阿爾基比亞德回憶，他的身體具有驚人的適應能力，食品匱乏時比誰都能忍饑，供應充足時又比誰都吃得多。酷寒中，別人皆以毛氈裹身，他卻光腳走在冰上。一次戰敗，全軍潰逃，只有他一人從容撤退。他是重裝步兵，身上掛滿輜重，「昂首闊步，斜目四顧」，一看就不是好惹的，敵人也就不敢惹他。他還單獨殺進重圍，救出受傷的阿爾基比亞德，事後頒獎，又把獎章讓給了阿爾基比亞德。

做為哲學家，蘇格拉底抱定宗旨，不參與政治。然而一旦違心地被捲入，必站在正直公民的立場上堅持正義。六十三歲時，他曾代表本族人進入元老院，且在某一天值班當主席。這是他一生中唯一一次做官。當時雅典海軍打了勝仗，撤退時因狂風突起，未能收回陣亡士兵的屍體，人民群情激憤，要求集體判處為首的十將軍死刑。就在他當主席的那一天，這個提案交到法庭，他冒犯眾怒予以否決。可惜第二天別人當主席，十將軍仍不免於死。若干年後，僭主上臺，命他和另外四人去捉一個富翁來處死，別人都去了，唯有他抗命。

由上面勾畫的輪廓，我們可以看到，蘇格拉底具有自制、厚道、勇敢、正直等種種一般人都稱道的美德，這樣一個人應該人緣很好。最後竟至於遇難，看來只能歸因於他喜談哲學了，似乎全是那張嘴惹的禍。那麼，我們且看那張嘴究竟說了些什麼，會惹下殺身之禍。

四

按照西塞羅的說法，蘇格拉底是第一個將哲學從天上召喚到地上來的人，他使哲學立足於城邦，進入家庭，研究人生和道德問題。這個評價得到了後世的公認。蘇格拉底之前的哲學家，從泰勒斯到阿那克薩哥拉，關心的是宇宙，是一些自然哲學家和天文學家。據他自述，他年輕時也喜歡研究自然界，後來發現自己天生不是這塊料。所謂不是這塊料，大約不是指能力，應是指氣質。他責問那些眼睛盯著天上的人，他們是對人類的事情已經知道得足夠多了呢，還是完全忽略了。他主張，研究自然界應限於對人類事務有用的範圍，超出這個範圍既不值得，也不應該。之所以不應該，是因為人不可去探究神不願顯明的事，違背者必受懲罰，阿那克薩哥拉就因此喪失了神智。

蘇格拉底的思想發生根本轉折，是在四十歲上下時。他在申辯中談到了轉折的緣由。有一回，他少年時代的朋友凱勒豐去德爾斐神廟求神諭，問是否有人比蘇格拉底更智慧，神諭答覆說沒有。他聞訊大驚，認為不可能，為了反駁神諭，訪問了雅典城內以智慧著稱的人，包括政客、詩人、手工藝人。結果發現，這些人都憑藉專長而自以為是，不知道自己實際上很無知。於是他明白：同樣是無知，他們以不知為知，我知道自己一無所知，在這一點上我的確比他們智慧。由此進一步悟到，神諭的意思其實是說：真正的智慧屬於神，人的智慧微不足道，在人之中，唯有像蘇格拉底那樣知道這個道理的人才是智慧的。從此以後，他便出沒於公共場所，到處察訪自以為智的人，盤問他們，揭露其不智，以此為神派給他的「神聖的使命」。「為了這宗事業，我不暇顧及國事家事；因為神服務，我竟至於一貧如洗。」而一幫有閒青年和富家子弟也追隨他，效仿他這樣做，使他得了蠱惑青年的壞名聲。

蘇格拉底盤問人的方式是很氣人的。他態度謙和，彷彿自己毫無成見，只是一步一步向你請教，結果你的無知自己暴露了出來。這往往使被問的人十分狼狽。欣賞者說，他裝傻，其實一大肚子智慧。怨恨者說，他是虛假的謙卑。常常有人忍無可忍，把他揍一頓，甚至扯掉他的頭髮，而他從不還手，耐心承受。最氣人的一點是，他總是在嘲笑、質問、反駁別人，否定每一個答案，但是，直到最後，他也沒有拿出一個自己的答案來。確有許多人向他提出了這一責備，並為此發火。他對此的辯解是：「神迫使我做接生婆，但又禁止我生育。」這一句話可不是自謙之詞，而是準確地表達了他對哲學的功能的看法。

上面說到，蘇格拉底是從自知其無知開始他特有的哲學活動的。其實，在他看來，一切哲學思考都應從這裡開始。知道自己一無所知，這是愛智慧的起點。對什麼無知？對最重要的事情，即靈魂中的事情。人們平時總在為伺候肉體而活著，自以為擁有的那些知識，說到底也是為肉體的生存服務的。因此，必須向人們大喝一聲，讓他們知道自己對最重要的事情其實一無所知，內心產生不安，處於困境，從而開始關心自己的靈魂。「認識你自己」——這是銘刻在德爾斐神廟上的一句箴言，蘇格拉底用它來解說哲學的使命。「認識你自己」就是認識你的靈魂，因為「你自己」並不是你的肉體，而是你的靈魂，那才是你身上的神聖的東西，是使你成為你自己的東西。

靈魂之所以是神聖的，則因為它是善和一切美德的居住地。因此，認識自己也就是要認識自己的道德本性。唯有把自己的道德本性開掘和實現出來，過正當的生活，才是做為人在生活。美德本身就是幸福，無須另外的報償。惡人不能真正傷害好人，因為唯一真正的傷害是精神上的傷害，這只能是由人自己做的壞事造成的。在斯多葛派那裡，這個「德行即幸福」的論點發展成了全部哲學的基石。康德用道德法則的存在證明人能夠為自己的行為立法，進而證明做為靈魂的人的自由和尊嚴，這個思路也可在蘇格拉底那裡找到淵源。

人人都有道德本性，但人們對此似乎懵懂不知。蘇格拉底經常向人說：讓一個人學習做鞋匠、木匠、鐵匠，人們都知道該派他去哪裡學，讓一個人學習過正當的生活，人們卻不知道該把他派往哪裡了。這話他一定說過無數遍，以至於在三十僭主[註3]掌權時期，政府強令他不許和青年人談論，理由便是「那些鞋匠、木匠、鐵匠什麼的早已經被你說爛了」。其實他是在諷刺人們不關心自己的靈魂，因為在他看來，該去哪裡學習美德是清清楚楚的，無非仍是去自己的靈魂中。原來，靈魂中不但有道德，而且有理性能力，它能引領我們認識道德。人們之所以過著不道德的生活，是因為沒有運用這個能力，聽任自己處在無知之中。在此意義上，無知就是惡，而美德就是知識。

至於如何運用理性能力來認識道德，蘇格拉底的典型方法是辯證法，亦即亞里斯多德視之為他的主要貢獻的歸納論證和普遍性定義。比如說，他問你什麼是美德，你舉出正義、節制、勇敢、豪爽等等，他就追問你，你根據什麼把這些不同的東西都稱作美德，迫使你去思考它們的共性，尋求美德本身的定義。為了界定美德，你也許又必須談到正義，他就嘲笑你仍在用美德的一種來定義整個美德。所有這類討論幾乎都不了了之，結果只是使被問者承認對原以為知道的東西其實並不知道，但蘇格拉底也未能為所討論的概念下一個滿意的定義。從邏輯上說，這很好解釋，因為任何一個概念都只能在關係中被界定，並不存在不涉及其他概念的純粹概念。但是，蘇格拉底似乎相信存在著這樣的概念，至少存在著純粹的至高的善，它是一切美德的終極根源和目標。

現在我們可以解釋蘇格拉底式辯證法的真正用意了。他實際上是想告訴人們，人心固有向善的傾向，應該把它喚醒，循此傾向去追尋它的源頭。然而，一旦我們這樣做，便會發現人的理性能力的有限，不可能真正到達那個源頭。只有神能夠認識至高的善，人的理性只能朝那個方向追尋。因此，蘇格拉底說：「唯有神是智慧的，人只能說是愛智慧的。不過，能夠追尋就已經是好事，表明靈魂中有一種向上的力量。」愛智慧是潛藏在人的靈魂中的最寶貴特質，哲學的作用就是催生這種特質。這便是蘇格拉底以接生婆自居的含義。但哲學家不具備神的智慧，不能提供最後的答案，所以他又說神禁止他生育。

蘇格拉底所尋求的普遍性定義究竟是觀念還是實存，他所說的神究竟是比喻還是實指，這是一個複雜的問題，我不想在這裡討論。在我看來，其間的界限是模糊的，他也無意分得太清。他真正要解決的不是理論問題，而是實踐問題，即怎樣正當地生活。宗教家斷言神的絕對存在，哲學家則告訴我們，不管神是否存在，我們都要當作祂是存在的那樣生活，關心自己的靈魂，省察自己的人生，重視生活的意義遠過於生活本身。

五

現在讓我們回到被判了死刑的蘇格拉底身邊，他已經在獄中待了快一個月。在此期間，他生活得平靜而愉快，與平時沒有不同。在生命的最後時日，他還突發了文藝的興趣，把伊索寓言改寫成韻文，寫了一首阿波羅頌詩。許多富裕朋友想出資幫助他逃亡，均被拒絕，他問道：「你們是否知道有什麼死亡不會降臨的地方？」一個崇拜者訴說：「看到你被這樣不公正地處死，我太受不了。」他反問：「怎麼，難道你希望看到我被公正地處死嗎？」

監禁第二十八天，有人看見那艘催命船已經開過了附近一個城市，他的老朋友克里托得到消息，天不亮就來到監獄，看見他睡得很香。等他醒來，克里托做最後的努力，勸他逃亡。他舉出了種種理由，諸如別人會怪自己不盡力，使自己名譽受汙，你遺下孤兒，未盡為父的責任等等，皆被駁斥。蘇格拉底強調，雖然判決是不公正的，但逃亡是毀壞法律，不能以錯還錯，以惡報惡。

第三十天，行刑的通知下達，若干最親近的朋友到獄中訣別。贊西佩抱著小兒子，正坐在蘇格拉底身邊，看見來人，哭喊起來：「蘇格拉底啊，這是你和朋友們的最後一次談話了！」蘇格拉底馬上讓克里托找人把她送走。然後，他對朋友們說：「我就要到另一個世界去了，談談那邊的事，現在正是時候，也是現在可做的最合適的事。」

整篇談話圍繞著死亡主題，大意是——哲學就是學習死，學習處於死的狀態。真正的哲學家一直在練習死，訓練自己在活著時就保持死的狀態，所以最不怕死。為什麼呢？因為死無非是靈魂與肉體相脫離，而哲學所追求的正是使靈魂超脫肉體。靈魂不受肉體包括它的欲望和感覺的糾纏，在平靜中生存，只用理性追求真理，它的這種狀態就叫智慧。不過，活著時靈魂完全超脫肉體是不可能的，所以得不到純粹的智慧，唯有死後才能得到。

轉述到這裡，我們不能不提出一個疑問：上述見解要成立，前提是靈魂不隨肉體一同死亡，蘇格拉底相信靈魂不死嗎？似乎是相信的，他做了種種論證，包括：生死互相轉化，靈魂若死滅就不能再轉為生；認識即回憶，證明靈魂在出生之前已存在；靈魂占有了一個東西，這個東西才有生命，可知靈魂與死不相容。接著他大談靈魂的修煉、輪迴和業報，哲學家的靈魂已經修煉得十分純潔，因此死後將與天神交往。很難相信這是蘇格拉底本人的思想，恐怕多半是柏拉圖從東方教義中聽來而安在老師頭上的。法庭申辯時的一句話透露了蘇格拉底的真實想法：「沒有人知道死後的情形，大家卻怕死，彷彿確知死是最壞境界。我本人決不害怕和躲避好壞尚不知的境界過於明知是壞的境界。」我們至少可以相信，他是懷著快樂的心情迎接死亡的。人們常把天鵝的絕唱解釋為悲歌，他卻說，它們是預見到另一個世界的幸福就要來臨，所以唱出了生平最歡樂的歌。他的臨終談話正是一曲天鵝的絕唱。

最後的時刻來臨了。克里托問他：「我們怎麼葬你？」他答：「如果你能抓住我，隨你怎麼葬。」然後對其餘人說：「他以為我只是一會兒就要變成屍體的人，還問怎麼葬我。喝下了毒藥，我就不在這裡了。」說完便去洗澡，回來後，遵照獄吏的囑咐喝下毒藥。眾人一齊哭了起來，他責備道：「你們這些人真沒道理。我把女人都打發走，就為了不讓她們做出這等荒謬的事來。」在咽氣前，他說了最後一句話：「克里托，別忘了向醫藥神阿斯克勒庇俄斯獻祭一隻公雞。」這個喜嘲諷的靈魂在脫離他所蔑視的肉體之際，還忍不住要與司肉體治療的神靈開一個玩笑。

蘇格拉底的悲劇就此落下帷幕，柏拉圖在劇終致辭：「在我們所認識的人中，他是最善良、最有智慧、最正直的人。」的確，不管人們對他的學說做何評價，都不能不承認他為後世樹立了人生追求上和人格上的典範。據說在他死後，雅典人懺悔了，給他立了雕像，並且處死了美勒托，驅逐了安尼圖斯。也有人指出，所謂懲處了控告者純屬捏造。不過，這些都已經不重要了。重要的是，讓我們記住蘇格拉底的遺訓，關心自己的靈魂，度一個有價值的人生。

04

不要擋住我的陽光

一

西元前三二三年的某一天，亞歷山大大帝在巴比倫英年早逝，年僅三十三歲。同一年，第歐根尼（約前四〇四年～前三二三年）在科林斯壽終正寢，享年八十一。這兩人何其不同：一個是武功赫赫的世界征服者，行宮遍布歐亞，被萬眾呼為神；另一個是靠乞討為生的窮哲學家，寄身在一隻木桶裡，被市民稱作狗。相同的是，他們都名聲遠揚，是當年希臘世界最有名的兩個人。

在兩千多年後的今天，提起第歐根尼，人們仍會想到亞歷山大，則是因為一個膾炙人口的故事。亞歷山大巡遊某地，遇見正躺著晒太陽的第歐根尼，這位世界之王上前自我介紹：「我是大帝亞歷山大。」哲學家依然躺著，也自報家門：「我是狗兒第歐根尼。」大帝肅然起敬，問：「我有什麼可以為先生效勞的嗎？」哲學家的回答是：「有的，就是——不要擋住我的陽光。」據說亞歷山大事後感歎道：「如果我不是亞歷山大，我就願意做第歐根尼。」

這真是一個可愛的故事，大帝的威嚴和虛心、哲學家的淡泊和驕傲，皆躍然眼前。亞歷山大二十歲登基，征服歐亞成為大帝更晚，推算起來，兩人相遇時，第歐根尼已是垂暮老人了。這位哲學家年輕時的行狀可並不光彩，與淡泊和驕傲才沾不上邊呢。他是辛諾普城邦一個銀行家的兒子，在替父親管理銀行時鑄造偽幣，致使父親入獄而死，自己則被逐出了城邦。這是一個把柄，在他成為哲學家後，人們仍不時提起來羞辱他。他倒也坦然承認，反唇相譏說：「那時候的我正和現在的你們一樣，但你們永遠做不到和現在的我一樣。」前半句強詞奪理，後半句卻是真話。他還說了一句真話：「正是因為流放，我才成了一個哲學家。」緊接著又是一句強詞奪理：「他們判我流放，我判他們留在國內。」

離開辛諾普後，第歐根尼是否還到過別的地方，我們不得而知，反正有一天他來到了雅典。正是在這裡，他找到了一個老師，開始了他的哲學之旅。老師名叫安提西尼，是蘇格拉底的學生。如果說柏拉圖從老師的談話中學到了概念和推理的藝術，把它發展成了一種複雜的觀念哲學；安提西尼則從老師的行為中學到了簡樸生活的原則，把它發展成了一種簡單的人生哲學。對後世來說，這兩種哲學同樣影響深遠。安提西尼身教重於言教，自己節衣縮食，免費招收貧窮學生，怕苦的學生一律被他的手杖打跑。第歐根尼來拜師時，他也舉起了手杖，沒想到這個強脾氣的青年把腦袋迎了上去，喊道：「打吧，打吧，不會有什麼木頭堅硬到能讓我離開你，只要我相信你可以教我。」拜師自然是成功了，老師更沒想到的是，他創立的犬儒主義哲學在這個曾被拒收的學生手上才成了正果。

我們不知道第歐根尼在雅典活動了多久，只知道他的生活後來發生了一個轉折。在一次航行中，他被海盜俘虜，海盜把他送到克里特的奴隸市場上拍賣。拍賣者問他能做什麼，回答是：「治理人。」看見一個穿著精美長袍的科林斯人，他指著說：「把我賣給這個人吧，他需要一個主人。」又朝那人喊道：「過來吧，你必須服從我。」這個名叫塞尼亞得的人當真把他買下，帶回了科林斯。第歐根尼當起了家庭教師和管家，把家務管得井井有條，教出的孩子個個德才兼備，因此受到了全家人的尊敬。他安於這個角色，一些朋友想為他贖身，被他罵為蠢貨。他的道理是，對於像他這樣的人，身分無所謂，即使身為奴隸，心靈仍是自由的。他在這個家庭裡安度晚年，死後由塞尼亞得的兒子安葬。

犬儒派哲學家主張人應該自己決定死亡的時間和地點，第歐根尼是第一個實踐者。據說他是用斗篷裹緊自己，屏息而死的。他太老了，這家人待他太好了，時間和地點都合適。科林斯人在他的墓前豎一根立柱，柱頂是一隻大理石的狗頭。從前驅逐他的辛諾普人也終於明白，與這位哲學家給母邦帶來的榮耀相比，鑄造偽幣的前科實在是小事一樁，便在家鄉為他建造了一座青銅雕像，銘文寫得很慷慨也很準確：「時間甚至可以摧毀青銅，但永遠不能摧毀你的光榮，因為只有你向凡人指明了最簡單的自足生活之道。」

二

在拉爾修的《名哲言行錄》中，歸在第歐根尼名下的有哲學著作十四種、悲劇七種，但拉爾修同時指出，第歐根尼也可能沒留下任何著作。從他那種露宿乞討的生活方式看，後一種說法似乎更可信。犬儒派哲學家的確不在乎著書立說，更重視實踐一種生活原則。

如同中國的老子，犬儒派哲學家是最早的文明批判者。他們認為，文明把人類引入了歧途，製造出了一種複雜的因而是錯誤的生活方式。人類應該拋棄文明，回歸自然，遵循自然的啟示，過簡單的也就是正確的生活。第歐根尼尤其譴責對金錢的貪欲，視之為萬惡之源。鑑於他曾經鑄造偽幣，我們可以把這看作一種懺悔。彷彿為了找補，他又強調，他最瞧不起那些聲稱蔑視金錢卻又嫉妒富人的人——不知道他是否指當年驅逐他的人。不過，我們或許同意，嫉妒是一塊試金石，最能試出蔑視金錢的真假，嫉妒者的心比誰都更為金錢痛苦。人應該訓練自己達於一種境界，對於物質的快樂真正不動心，甚至從鄙視快樂中得到更大的快樂。蘇格拉底的另一學生亞里斯提卜創立享樂主義，他的理論可概括為：「我役物，而不役於物。」一個人不妨享受物質，同時又做到不被物質支配。安提西尼好像不這麼自信，轉而提倡禁欲主義，他的理論可概括為：「我不役物，以免役於物。」一個人一旦習慣於享受物質，離被物質支配就不遠了。兩人好像都有道理，從世間的實例看，安提西尼更有道理一些。無論如何，財富的獲取、保存、使用都是傷神的事情，太容易破壞心境的寧靜。我們對物質的需求愈少，精神上的自由就愈多。第歐根尼喜歡說：「一無所需是神的特權，所需甚少是類神之人的特權。」

犬儒派哲學家是最早的背包客，從安提西尼開始，他們的裝束就有了定式，都是一件斗篷、一根手杖、一個背袋。安提西尼的斗篷還很破爛，以至於蘇格拉底忍不住說：「我透過你斗篷上的破洞看穿了你的虛榮。」相當一些犬儒派哲學家是素食主義者，並且滴酒不沾，只喝冷水。第歐根尼曾經有居室和僕人，僕人逃跑了，他不去追趕，說：「如果僕人離開第歐根尼可以活，而第歐根尼離開僕人卻不能活，未免太荒謬了。」從此不用僕人。盜賊入室，發現他獨自一人，問：「你死了誰把你抬出去埋葬呢？」他回答：「想要房子的人。」後來他連居室也不要了，住在一隻洗澡用的木桶裡，或者對折斗篷為被褥，席地而睡，四處為家。有一回，看見一個小孩用手捧水喝，他自慚在簡樸上還不如孩子，把水杯從背袋裡拿出來扔了。他在鍛煉吃苦方面頗下功夫，夏天鑽進木桶在燙沙上滾動，冬天光腳在雪地上行走，或者長久抱住積雪的雕像，行為很像苦修士，卻又是一個無神論者。

對這個一心退回自然界的哲學家來說，動物似乎成了簡單生活的楷模。他當真模仿動物，隨地撿取食物，一度還嘗試吃生肉，因為不消化而作罷。他的模仿過了頭，竟至於在光天化日之下交配，在眾目睽睽之下自慰，還無所謂地說：「這和用揉胃來解除飢餓是一回事。」他振振有詞地為自己的傷風敗俗之行辯護：凡大自然規定的事皆不荒謬，凡不荒謬的事在公共場所做也不荒謬。既然食欲可以公開滿足，性欲有何不可？自然的權威大於習俗，他要以本性對抗習俗。他反對的習俗也包括婚姻，在他眼裡，性是最自然的，婚姻卻完全是多餘的。問他何時結婚合適，回答是：「年輕時太早，年老時太晚。」婚姻往往還是「戰爭之後的結盟」，其中有太多的利益計較。他主張通過自由戀愛和嫖妓來解決性的需要，並且身體力行。有人指責他出入骯髒之處，他答：「太陽也光顧臭水溝，但從未被玷汙。」如同柏拉圖和斯多葛派的芝諾一樣，共妻是他贊成的唯一婚姻形式，在這種形式下，財產和子女也必然共有，就斷絕了貪婪的根源。

倘若今天我們遇見第歐根尼，一定會把他當作乞丐。他一身乞丐打扮，事實上也經常行乞，一開始是因為貧窮，後來是因為他的哲學。他乞討的口氣也像一個哲學家，基本的臺詞是：「如果你給過別人施捨，那也給我吧；如果還沒有，那就從我開始吧。」不過，看來乞討並非總是成功的，至少比不上殘疾人，為此他尖刻地評論道：人們在施捨時之所以厚此薄彼，是因為「他們想到自己有一天可能變成跛子或瞎子，但從未想到會變成哲學家」。

安提西尼經常在一個以犬命名的運動場與人交談，據說犬儒派得名於此。但是，第歐根尼獲得狗的綽號，大約與此無關，毋寧說是因為他自己的舉止。他從地上撿東西吃，當眾解決性欲，太像一條狗了，以至於像柏拉圖這麼文雅的人也稱他是狗。他有時也欣然自稱是狗，但更多的時候憤憤不平。一群男童圍著他，互相叮囑：「當心，別讓他咬著我們。」他尚能克制地說：「不用怕，狗是不吃甜菜根的。」在集市上吃東西，圍觀者喊：「狗！」他就忍不住回罵了：「你們盯著我的食物，你們才是狗！」在一次宴席上，有些人真把他當作狗，不斷把骨頭扔給他，他怒而報復，把一盆湯澆在了他們頭上。對於狗的綽號之來由，他自己給出的最堂皇的解釋是：因為他「對施捨者獻媚，對拒絕者狂吠，對無賴狠咬」。其實他的獻媚常藏著譏諷，而遭他吠和咬的人倒真是不少。

三

犬儒派哲學家不但放浪形骸，而且口無遮攔，對看不慣的人和事極盡挖苦之能事。這成了他們的鮮明特色，以至於在西語中，「犬儒主義者」（cynic）一詞成了普通名詞，用來指憤世嫉俗者、玩世不恭者、好挖苦人的人。安提西尼十分蔑視一般人，聽說有許多人讚揚他，他叫了起來：「老天哪，我到底做了什麼錯事？」

第歐根尼更是目中無人，常大白天點著燈籠，在街上邊走邊吆喝：「我在找人。」問他在希臘何處見過好人，他答：「沒有，只在個別地方見過好的兒童。」在奧林匹克運動會上，民眾群情亢奮，他有時會坐在那裡，但似乎只為了不錯過罵人的好機會。傳令官宣布冠軍的名字，說這個人戰勝了所有人，他大聲反駁：「不，他戰勝的只是奴隸，我戰勝的才是人。」回家路上，好奇者打聽參加運動會的人是否很多，他答：「很多，但沒有一個可以稱作人。」劇院散場，觀眾湧出，他往裡擠，人問為什麼，他說：「這是我一生都在練習的事情。」他的確一生都在練習逆遵循習俗的大眾而行，不把他們看作人，如入無人之境。

第歐根尼有一張損人的利嘴，一肚子捉弄人的壞心思。一個好面子的人表示想跟他學哲學，他讓那人手提一條金槍魚，跟在他屁股後面穿越大街小巷，羞得那人終於棄魚而逃。一個狗仗人勢的人帶他參觀豪宅，警告他不得吐痰，他立刻把一口痰吐在那個人臉上，說：「我實在找不到更合適的痰盂了。」看見一個懶人讓僕人給自己穿鞋，他說：「依我看，什麼時候你失去了雙手，還讓僕人替你擦鼻涕，才算達到了完滿的幸福。」看見一個輕薄青年衣著考究，他說：「如果為了取悅男人，你是傻瓜；如果為了取悅女人，你是騙子。」看見一個妓女的孩子朝人堆裡扔石頭，他說：「小心，別打著了你父親。」這個促狹鬼太愛惹人，有一個青年必定是被他惹怒了，砸壞了他的大桶。不過，更多的雅典人好像還護著他，替他做了一個新桶，把那個青年鞭打了一頓。這也許是因為，在多數場合，他的刻薄是指向大家都討厭的虛榮自負之輩的。他並不亂咬人，他咬得準確而光明正大。有人問他最厭惡被什麼動物咬，他的回答是：「讒言者和諂媚者。」

第歐根尼的刀子嘴不但伸向普通人，連柏拉圖也不能倖免。柏拉圖是他的老師的同學，比他大二十多歲，可他挖苦起這位師輩來毫不留情，倒是柏拉圖往往讓他幾分。他到柏拉圖家做客，踩著地毯說：「我踩在了柏拉圖的虛榮心上。」有人指出他乞討，柏拉圖不乞討，他借用《奧德賽》中的句子說：柏拉圖討東西時「深深地埋下頭，以至於無人能夠聽見」。他經常用一種看上去粗俗的方式與柏拉圖辯論。柏拉圖把人定義為雙足無毛動物，他就把一隻雞的羽毛拔光，拎到講座上說：「這就是柏拉圖所說的人。」針對柏拉圖的理念論，他說：「我看得見桌子和杯子，可是柏拉圖呀，我一點也看不見你說的桌子的理念和杯子的理念。」為了反駁愛利亞學派否定運動的觀點，他站起來誇張地到處走動。也許他是故意不按規則出牌，以此解構正在興起的形而上學遊戲。柏拉圖對這個善於刁難的人一定頗感無奈，有人請他對第歐根尼其人下一斷語，他回答：「一個發瘋的蘇格拉底。」

幾乎所有希臘哲學家都看不上大眾宗教，犬儒派哲學家也如此。一個奧菲斯教派祭司告訴安提西尼，教徒死後可獲許多好處，他反問：「你為什麼不趕快死呢？」與此相似，有人也以死後可享特權為由勸第歐根尼入教，他回答道：「如果俗人只因入教就享幸福，智者只因不入教就倒楣，死後的世界未免太荒唐了。」一次海難的倖存者向神廟獻了許多祭品，第歐根尼對此評論道：「如果是遇難者來獻祭的話，祭品就更多了。」看見一個女子跪在神像前祈禱，他對她說：「善良的女人，神是無處不在的，難道你不怕有一個神就站在你背後，看見你的不雅姿勢嗎？」看見一些夫妻在向神獻祭求子，他問道：「可是你們不想求神保佑他成為怎樣的人嗎？」他常說：「看到醫生、哲學家、領航員，我就覺得人是最聰明的動物；看到釋夢師、占卜家和他們的信徒，以及那些誇耀財富的人，我就覺得人是最愚蠢的動物。」在他看來，在宗教之中，除了美德的實踐，其餘都是迷信。人們往往不知道自己應該要什麼，向神所求的都不是真正的好東西。說到底，德行本身就足以保證幸福，我們為善只應該為了善本身的價值，不應該為了邀神的獎賞或怕神的審判。

四

讓我們回到第歐根尼與亞歷山大相遇時，他對大帝說出了那句著名的話：「不要擋住我的陽光。」現在我們可以對這句話做一點也許不算牽強的詮釋了。人在世上真正需要的無非是陽光——陽光是一個象徵，代表自然給予人的基本贈禮、自然規定的人的基本需要、合乎自然的簡樸生活。誰擋住了陽光？亞歷山大，他也是一個象徵，代表權力、名聲、財富等一切世人所看重而其實並非必需的東西。不要擋住我的陽光——不要讓功利擋住生命，不要讓習俗擋住本性，不要讓非必需擋住必需，這就是犬儒派留給我們的主要的哲學遺訓。

除了簡樸生活原理外，第歐根尼還有兩個偉大發明。一是「世界公民」。有人問他來自何處，他答：「我是世界公民。」「世界公民」（Cosmopolite）應該讀作「宇宙公民」，「世界」並不限於人類居住的範圍。在他之前，阿那克薩哥拉已把宇宙稱作自己的祖國，第歐根尼也說「唯一的、真正的國家是宇宙」，因此「萬物都是智慧之人的財產」。另一發明是「言論自由」。有人問世界上最好的東西是什麼，他的回答便是「言論自由」。在這兩個發明之間也許還有某種聯繫，世界公民當然不會囿於群體利益，而群體利益常是禁止言論自由的主要理由。所以，「不要擋住我的陽光」還可增加一個含義：不要讓政治擋住哲學，不要讓群體利益擋住思想自由。

對於那些想受教育卻不想學哲學的人，安提西尼有一妙比，說他們就好像一個人看上了女主人，卻為了圖省事只向女僕求愛。第歐根尼則直截了當地向他們責問道：「既然你不在意活得好不好，為什麼還要活著呢？」哲學何以能使人活得好呢？依據第歐根尼之例，也許可以這樣來理解——哲學能夠使我們安心地躺在土地上晒太陽，享受身體和心靈的自由，而對一切妨礙我們這樣做的東西說：「不要擋住我的陽光！」

Part6

哲學是永遠的追問

01

哲學是永遠的追問

我想談一談我對哲學的理解。我十七歲讀哲學系，畢業後在一個小縣城工作了十來年，然後又回到北京，也回到了哲學的學習和研究，哲學可以算我的事業，我對哲學應該有一種理解了。當初報考哲學系，是出於一種比較幼稚的想法。我在中學裡最喜歡兩門課，一門是數學，一門是語文，也就是解習題和寫文章。報志願時，兩樣都不肯捨棄，就來了一個折中。我相信哲學可以讓我橫跨文科和理科。當然這也有一定道理，數學使人享受純粹思維的樂趣，文學使人關注人生，這兩樣東西在哲學裡都有。不過，經過系統的學習之後，我覺得自己對哲學的性質有了比較明確的認識，概括地說，它是對世界和人生的根本問題的一種永遠的追問。

一、哲學開始於驚疑

柏拉圖（在《泰阿泰德》中）、亞里斯多德（在《形而上學》中）都說過，哲學開始於驚疑。驚疑，嚴群譯為疑訝，包含驚奇、驚訝和疑惑、困惑兩層意思。為了便於講述，我想把這兩層意思拆開來講。

相對地說，驚奇（驚訝）面對自然，由驚奇而求認知，追問世界的本質，形成了哲學中的世界觀、本體論、形而上學（在這裡是同義詞）這一個大領域。疑惑（困惑）面對人生，由困惑而求覺悟，追問生命的意義，形成了哲學中的人生觀、生存論、廣義倫理學（在這裡也是同義詞）這另一個大領域。

所以，我們可以概括地把哲學看作世界觀和人生觀。當然，哲學還有其他一些領域，例如知識論（認識論），這是因為對世界的認識發生了問題，便轉而對我們認識的能力、性質、過程進行審視，尤其近代以來，這方面的內容在哲學中占據了重要位置。此外還有歷史哲學、美學、狹義倫理學等等。但是，從源頭看，哲學主要是世界觀和人生觀，其他則是派生的。古羅馬哲學家奧古斯丁（在《論上帝之城》中）說，智慧的研究有兩種形式。一種是沉思性的，即對自然的起源及純粹真理的研究，以畢達哥拉斯為代表。另一種是積極性的，關注生活行為和道德，以蘇格拉底為代表。柏拉圖是兩者的融合。康德說：「世上最使人敬畏的兩樣東西是頭上的星空和心中的道德律。」他們說的都是類似的意思。哲學所思的問題無非兩大類，分別指向我們頭上的神祕和我們心中的神祕。總之，哲學是靈魂對於世界和人生的根本性追問，所探究的是世界和人生的根本道理。

哲學是世界觀和人生觀——這個提法一點也不新鮮，我們不是一直被這麼教導的嗎？

這個提法本身沒有錯，過去的問題是對它做狹隘的理解，把世界觀等同於政治態度和階級立場，把人生觀歸結為為誰服務了。而這就意味著把哲學等同於政治，並且是一種很狹隘的政治。其實，世界觀和人生觀的內容要廣闊得多。

哲學和政治是不同層面的東西，因此，不能從政治角度、階級利益角度去解釋世界觀和人生觀。要正確理解其含義，最好的辦法是回到源頭，不要忘記哲學開始於驚疑。其實，我們每個人或多或少有過這種驚疑的經驗，不妨回想一下，對理解哲學的本義會大有助益。這多半是在童年時期，也許是在夏夜，當我們仰望滿天星斗的蒼穹，隱約感覺到世界在時間上的無始無終、在空間上的無邊無際，不由自主地驚奇於世界的神祕，這時候我們頭腦中一定曾經朦朧地產生過一個問題：世界究竟是什麼？這正是一個十足哲學性質的追問。在人類歷史上，最早的哲學追問也是從對天空感到好奇開始的，包括泰勒斯在內的好幾位古希臘早期哲學家同時也是天文學家。另一方面，許多人在一生中的某個時候，一般是在青少年時期，會對人生產生一種困惑。最大的困惑往往是由想到死引起的，當人確鑿無疑地知道自己終有一天也會不可挽回地死去，他就會對生命意義產生疑惑和發出追問。在哲學史上，這一追問同樣十分古老，以至於蘇格拉底和柏拉圖把哲學稱作預習死亡的活動。

哲學的兩類追問中，對生命意義的追問是更根本的。對世界本質的思考並非出於純粹求知的興趣，歸根究底是為了解決人生問題，要從整體上把握人生底蘊。「我們從哪裡來？我們到哪裡去？我們是誰？」這問題隱藏在一切哲學本體論的背後。無論世界觀還是人生觀，都是我們靈魂中的活動，而不是一套現成的意識形態。凡哲學的根本問題皆無最終答案，哲學的價值不在提供確定的答案，而在於使我們始終保持對世界和人生的驚疑和追問。

二、在宗教和科學之間

哲學要追問世界的本質，而世界的本質是無法證明的。可是，兩千年來，哲學卻一直在努力做一件事，就是試圖對世界本質是什麼的問題給出一個可靠的答案。它實際上是在做不可能做到的事，這是哲學本身所包含的矛盾和困難。

要對哲學的這個特點有一個清楚的概念，最好的辦法是把哲學與宗教及科學做一比較。

哲學和宗教都是人的精神生活的方式，兩者所要解決的問題之性質是相同的，即都是終極關切。和哲學一樣，宗教所關心的也是世界和人生的最根本問題，要對世界的本質和生命的意義給出一個完整的說明。但是，它們尋求解答的手段完全不同。在宗教看來，世界和人生的整體是一個神祕，人的理性是有限的，不可能將它弄明白，唯有靠神的啟示來接近它。因此，人在神面前應知謙卑，滿足於不容置疑的信仰。相反，哲學不肯像宗教那樣訴諸天啟權威，對終極問題給出一個獨斷的答案，而是只信任理性，要求對問題做出理由充足的解答。在這一點上，哲學又和科學一樣。

如此看來，哲學的追問是宗教性的，它尋求解決的方法卻是科學性的。哲學家有一個宗教的靈魂，卻長著一顆科學的腦袋。靈魂是一個瘋子，它問的問題漫無邊際，神祕莫測。頭腦是一個呆子，偏要一絲不苟、有根有據地來解答。瘋子提問，呆子回答，其結果可想而知。關於哲學所包含的內在矛盾，康德最早做了明確的揭示。他指出：由頭腦（他所說的知性）來解答靈魂（他所說的理性）所追問的問題，必定會陷入二律背反。他因此而斷定，只能把此類問題的解答權交給信仰。不過，在羅素看來，哲學面向宗教，敢思科學之不思，渴望對宇宙和人生有一種普遍理解，又立足科學，敢疑宗教之不疑，尋求確切的知識，正是這一結合了兩種對立因素的品格使之成為比科學和宗教更加偉大的東西。

也許有人會說，既然哲學所追求的目標——把宗教和科學結合起來，用頭腦解答靈魂的問題——註定不能實現，努力豈不徒勞？這種看法未免膚淺。從目標不能實現看，也許可以說徒勞，但這個徒勞向目標前進的過程卻是富有生產意義的。對人類精神發展來說，科學理性與宗教渴望是兩種不可或缺的動力，正是在哲學中，它們由於彼此發生的緊張關係而同時得到了激勵。有一個現象值得深思：在歷史上，凡大科學家都懷有從整體上把握世界的宗教渴望，凡大神學家都具備尋求可靠根據的科學理性，而他們往往也都是大哲學家。

三、哲學不可能成為科學

用理性手段把握世界的本質，實際上就是試圖把哲學建立成一門科學，這是兩千年來西方主流哲學奮鬥的目標。然而，近代以來，哲學家們越來越對理性有無這種能力提出懷疑。到了康德，就明確否認了這種能力。

從古希臘開始，哲學追問世界本質的基本思路是世界二分模式，即把世界分為現象界和本體界。這一模式認為現象是不斷變化、多種多樣的，但現象背後必定有一個不變的、統一的本質，哲學的使命就是要尋找變化背後之不變、多背後之一、現象世界背後之本體世界。也就是說，萬物皆變，變應該有一承擔者，世界必定有一個本來的樣子，是它變成了我們現在所看見的樣子，哲學就要把這個本來的樣子找出來。這一思路默認了一個前提，即感覺是不可靠的，只能感知可變的現象，唯有理性才能認識現象背後那個不變的本體界。應該說明，對感覺不信任是古希臘哲學家的共同特點，並不限於唯心主義者，唯物主義者也認定世界有一個感覺不能觸及、必須靠理性把握的終極本質。這個思路存在著以下疑點：

第一，感覺是我們感知外界的唯一手段，既然感覺只感知到現象，我們憑什麼說在現象背後還存在著一種本質？至少憑感覺不能證明這一點。近代哲學家中，有三位清楚地論證了這一點，提出三種說法。柏克萊認為：只存在所感知的現象，不存在本質。休謨認為：我們只知道所感知的現象，是否存在本質不可知。康德認為：我們只知道所感知的現象，但我們必須假定現象背後有本質存在，這一點無法證明，僅是必要的信念。

第二，假定變動不居的現象背後有一不變的本質，這只能是理性之所為，是理性（邏輯）追求秩序（普遍性和必然性）的產物。但是，理性同樣不能證明它所追求的秩序是世界本身所固有的。這種秩序從何而來？有三種可能的回答。一是從感覺經驗中歸納而得，但有限的經驗不能提供必然性和普遍性。休謨說：所謂必然性只是經驗之重複形成的「習慣性聯想」。二是理性與世界本質之間有一種天然的一致性，萊布尼茲稱之為「前定和諧」，但這種東西即使有，也無法證明。三是理性本身所固有的，理性把自身所具有的先天結構投射到世界上了。這是康德首先提出、胡塞爾加以發展的看法。在這種情形下，秩序都仍然屬於現象範圍，而與世界本來面目無關。

那麼，第三，世界究竟有沒有一個本來面目？在現象界背後，究竟有沒有一個不受我們的認識干擾的本體界？在康德之後，哲學家們已經越來越達成共識：不存在。世界只有一種存在方式，即做為顯現在意識中的東西——現象。康德把本體界（物本身）做為、個必要的假設保留下來，這一點遭到現代哲學家的尖銳批評。其中，尼采和胡塞爾的批評尤為有力。尼采指出，對世界的認識都是透視，必有一定的視角，因而得到的都是現象。即使我們能夠窮盡所有的視角，所得到的現象之總和也仍然是現象。所謂本質的假設是以無視角的認識為前提的，而這個前提是荒謬的。胡塞爾指出，實在論也承認在意識中顯現的東西是現象，但斷定現象背後還有引起該現象的原因，即一個「物本身」。其中，樸素實在論認為現象與「物本身」在本質上是相符的，批判實在論則把「物本身」看作我們人類的意識不可達到而唯有假定的上帝的直觀才能達到的本體。但任何對象只要進入認識，從而顯現在意識中，就必然只能做為現象而存在，這一點對於被假定為絕對認知的理想代表者的上帝也不例外。實在論把在意識中顯現的東西解釋為外部實在對象的形象表現或記號表現，然而，要知道現象是實在的形象或記號，就必須有一種更高的統覺，可以同時觀照現象和實在並加以比較，但我們並無這樣的統覺。所以，形象論和記號論都是沒有根據的。

哲學從追問世界的本體始，經過兩千多年的探索，結果卻是發現世界根本就沒有一個本體，這不能不說是哲學的慘敗。這就是人們常說的「哲學的危機」。但是，這只是哲學的某一種思路的失敗，它說明哲學不可能成為科學，我們不可能靠理性手段去把握或構造哲學原本想要追問的那個本體，而必須另闢蹊徑。

四、出路：沉默和詩的領域？

倘若一個古希臘哲學家來到現代，他一定會大惑不解，因為他將看到，現代的哲學家們都在大談語言問題，而對世界本身卻毫無興趣。據說哲學家們終於發現，兩千多年來哲學之所以誤入歧途，原因全在受了語言的誤導。於是，他們紛紛把注意力轉向語言，這種轉向還被譽為哲學上的又一次哥白尼式革命。我本人對之評價不高，懷疑是另一種迷途，偏離了哲學做為根本性追問的真諦。

關於語言如何誤導哲學，又有兩種相反的看法。

一派哲學家認為，弊在邏輯化的語言，是語言的邏輯結構誘使人們去尋找一種不變的世界本質。因此，哲學的任務是解構語言，把語言從邏輯的支配下解放出來。哲學真正應該尋找的那個本體世界不是與人無關的世界，而是做為人的生活意義之源泉的世界。這是一個情緒體驗的領域，不可憑邏輯手段把握，而只能靠一種詩意的思。持這一看法的有尼采、生命哲學、現象學、存在哲學、解釋學、後結構主義。

另一派哲學家則認為，弊在語言在邏輯上的不嚴密，是語言中那些不合邏輯的成分誘使人們對一個所謂本體世界想入非非，造成了形而上學假命題。因此，哲學的任務是進行語言診斷，剔除其不合邏輯的成分，最好是能建立一種嚴密的邏輯語言。哲學應該運用邏輯手段把握真正能把握的東西——經驗事實，沒有本體論的容身之地。持這一看法的是邏輯經驗主義（分析哲學）。

不管兩派的觀點如何對立，拒斥本體論的立場卻是一致的。可是，沒有了那種追問世界之究竟的衝動，哲學還是哲學嗎？因為理性不能把握神祕，我們就不再思考神祕了嗎？難道哲學從此要對頭上的星空和心中的道德律無動於衷，僅僅滿足於做邏輯的破壞者或衛士？

有兩位哲學家分別代表上述兩個對立的派別，然而，與其大多數追隨者不同，他們心中仍然蘊藏著那種追思神祕的衝動。他們不愧是現代最偉大的兩位哲學家。

做為邏輯經驗主義的開創人之一，維根斯坦也主張只有經驗對象是可思考的，哲學只研究可思考的東西，其任務是通過語言批判使思想在邏輯上明晰。但是，他懂得的確存在著超驗的領域，例如那種「從永恆觀點來直觀世界」的本體論式的體驗，只是因為它們不屬於經驗範圍，因而是不可思考的，而不可思考的東西也就是不可說的。「一個人對於不能談的事情就應當沉默。」這是神祕的東西，甚至是最深刻的東西，卻無法做為問題來討論。針對此他寫道：「真正說來哲學的方法如此：除了能說的東西以外，不說什麼事情，也就是除了自然科學的命題，即與哲學沒有關係的東西之外，不說什麼事情……」真正的哲學性體驗只能封閉在沉默的內心世界，做為一門學術的哲學只能談論與真正哲學性體驗無關的東西，這是多麼無奈。

海德格卻試圖衝破這無奈的沉默。在他看來，他名之為「存在」的那個超驗的領域，乃是做為意義之源泉的神祕領域，的確不是理性思維所能達到的。但是，他相信這個領域「總是處在來到語言的途中」，是可以在語言中向人顯現的。不過，這不是淪為傳達工具的邏輯化語言，而是未被邏輯敗壞的詩的語言。在詩的語言中，存在自己向人說話。於是，海德格聚精會神於他所鍾愛的荷爾德林、里爾克等詩人，從他們的詩中傾聽存在的話語。

當然，沉默和詩都不是哲學。可是，在維根斯坦的沉默中，在海德格的詩思中，古老的哲學追問仍在百折不撓地尋找棲身之地。

哲學的出路何在？對此我也感到迷茫。我不相信所謂哲學已經終結的論調。我寧可相信，只要人類存在一天，就會有人對世界的神祕進行理性的沉思，因而哲學就會繼續存在。也許在經歷現在的危機之後，它將更加迴避談論本體，但不可能放棄靈魂的追問，更多地向藝術和宗教學習，但不可能放棄理性的思考。哲學的本性原本就包含著矛盾，它不可能擺脫這種矛盾，否則就不成其為哲學了。我寧可相信，哲學將帶著它固有的矛盾向前發展，一代又一代的人將不可阻擋地去思考那些沒有最終答案的根本問題，並從這徒勞的思考中獲得教益。

02

哲學的精神

我認為哲學的精神遠比哲學的學說重要，它是學說的靈魂，具體的學說、觀點會過時，比如尼采的「權力意志」、「超人」、「永恆輪迴」這些觀點，現在很少有人談論了，但哲學的精神會永遠活著。

要理解哲學的精神是什麼，必須從西方哲學中去理解。我同意王國維的說法，西方哲學是純粹的哲學，也就是形而上學。中國以前沒有哲學這門學科，二十世紀初西方哲學傳入中國，影響了一批中國學者，使他們知道了什麼是哲學，就以此為參照對中國經學、理學進行整理，這才有了中國哲學史這門學科。

一、西方哲學的歷程：一個失敗的努力

我想首先對西方哲學的歷史做一個簡要的回顧。回過頭去看，西方哲學從古希臘開始的那種追求基本上是失敗的。它的追求是什麼呢？就是試圖用人的理性思維能力去把握世界的本質，對世界做一個完整的解釋。從兩千年來的西方哲學史看，現在大家都承認，這種努力基本上是失敗的。但是，在這個追求的過程中取得了偉大的成果，西方

哲學的精神就是在這種看似徒勞的追求中生長起來的，而整個西方文明就是建立在這樣生長起來的精神傳統上面的。

西方哲學的主流是要依靠人的理性思維能力去把握世界的本質，這個主流叫作形而上學或本體論，就是要從現象背後尋找那個永遠存在的不變的東西。為什麼要尋找這個東西呢？一是出於好奇心，當好奇心指向整個世界時，就會追問這個變動不居的世界背後到底有什麼永恆的東西。好奇心是理性覺醒的徵兆，而理性的覺醒必然伴隨著對感覺的不信任。所以，哲學可以說是從對感覺的不信任開始的。在哲學產生之前，古希臘人是通過神話來理解和解釋世界的，神話給世界描繪的是一幅感性的圖畫。隨著理性的覺醒，神話做為一種樸素的信仰就衰落了，對感性世界的信任被對理性的信任取代。

事實上，最早的哲學家都是不相信感覺的。那些古希臘的哲學家，不管是唯物主義的還是唯心主義的，都把意見和真理區分得很清楚，認為憑感官只能得出意見，意見只關係到現象，所以是不可靠的，只有靠理性思維才能把握本質，而對本質的認識才是真理。當然，其中也有區別，大致上唯物主義認為理性必須借助感覺才能認識真理，唯心主義則認為理性必須擺脫感覺才能認識真理。但是，不管怎樣，對感官的不信任是一致的。可以說，沒有對感官的不信任，就不會有哲學。感官所感知的這個世界中，萬物都在不斷變化，變化應該有一承擔者吧，世界必定有一個本來的樣子吧，是它在變來變去，哲學就是要把這個承擔者、這個本來的樣子找出來。如果世界背後沒有一個實在的東西，這個世界豈不是太虛幻了，人生豈不是太虛幻了？所以，哲學之產生，根本的動機是要為世界和人生尋找一個實在的本質。

我們在這裡看到哲學有兩個最重要的特徵：一是面對的問題關係到世界的本質，想要解釋整個世界到底是什麼；另一是要靠理性來解決這個問題。我們可以把哲學與神話、宗教做一個比較，那樣就更清楚了。柏拉圖把人的精神能力區分為理性、感性和意志這樣三種，從這個角度來看，如果說神話、哲學、宗教都是對世界的解釋，那麼，哲學靠的是理性，神話靠的是感性，宗教靠的是信仰也就是意志。這三者面對的問題是相同的，解決的方式則完全不同。哲學想要把握世界的本質，這種努力的潛在動機是為了給人生一個解釋，為了解釋人生到底有什麼終極的意義。也就是說，不是出於純粹的思考樂趣，而是為了給屬於現象世界的我們的人生在本質世界裡找到一個終極的根據。

西方哲學試圖用理性手段把握世界的本質，結果是什麼呢？應該說結果是失敗了。

首先的問題是，哲學家們不管是經驗主義的還是理性主義的，都承認人的感官只能感知現象，不可能感知現象背後的本質，那麼憑什麼說現象背後還有本質呢？感官本身不能提供這個證據。關於這一點，英國經驗論談得很多，比如柏克萊、洛克、休謨，談得最透徹的是柏克萊。他說，我們只能知道自己的感覺，任何東西的存在都是通過我們的感覺而被我們知道的，所以，他得出一個結論，就是存在就是被感知。以前我們把這看作主觀唯心主義、唯我論，一棍子把它打死。其實，問題不是這麼簡單，柏克萊的思路對哲學的貢獻是非常大的。教科書裡經常提到柏克萊的一個例子，說我走路時踢到了一塊石頭，這塊石頭之所以存在是因為我踢到了它。這聽起來好像很荒唐，你會說，這塊石頭即使是在一個從來沒有人走過的地方，它也是存在著的。那麼，柏克萊就會接著問你，你有什麼理由說它是存在著的。你一定會說，如果有人走到了那個地方，就能夠看見它。好了，柏克萊會說，你還不是因為它能夠被感知到才說它存在的，所以，被感知是存在的唯一可能的方式。柏克萊提出這個命題，啟發了康德和很多現代哲學家。所謂被感知，也就是在我們的意識裡呈現出來，這就是現象這個概念的含義。現象是存在唯一可能的方式，這一點已經成為現代哲學的基本共識。

其次，理性能不能證明現象世界背後有一個本質世界存在著呢？也不能證明。關於人的理性能力，有兩種主要觀點。一種是經驗主義觀點，認為理性能力無非是對感官所提供的經驗用邏輯進行整理的能力，所涉及的永遠是現象而非本質。還有一種是有些理性主義哲學家所主張的，比如萊布尼茲、笛卡兒，認為人的心靈世界——包括理性能力與外部世界——有一個共同的來源，都來自上帝，兩者之間有一種前定的和諧，所以人的理性能力能夠認識世界的本質。這種說法只是一個信念，是無法證明的。在這兩種觀點的基礎上，康德提出來一種新的說法，我認為他把這個問題說清楚了。他說，我們對理性能力經驗進行整理後得出的普遍性和必然性，實際是理性本身的先天形式投射在理性能力經驗上的，仍屬於現象世界，對本質沒有絲毫觸及。自從康德提出這一說法後，哲學家們都服了，基本上都承認我們的認識不可能提供一個不受我們的認識干擾的本體世界，所能提供的永遠只是現象世界。這樣，原來被認為是哲學中最重大問題的本體論、形而上學問題，現代哲學家普遍認為那是假問題，紛紛把它拋棄了。

現代哲學家好像都得了形而上學恐懼症，生怕沾形而上學的邊，我覺得大可不必。其實，西方哲學用理性去把握世界的本質，這條路到頭來被證明為此路不通，這是由哲學的本性決定的，用不著大驚小怪。哲學有其內在的矛盾，理性無非是用邏輯整理經驗的能力，而世界的本質是一個超驗的問題，存在於經驗的範圍之外，當然為理性所不及。像世界本質、生命意義這樣的問題本來是屬於靈魂的，是信念而不是知識，哲學偏偏要讓頭腦來做出清晰的有根有據的解答。所以，可以說，西方哲學給自己提出的任務從一開始就註定是不可能完成的。但是，我認為，給自己提出一個不可能完成的任務，試圖去解決一個無解的問題，正是哲學的偉大之處，這種徒勞的努力是一種有意義的徒勞。正是在這樣一個對不可能達到的目標的執著追求之中，在頭腦與靈魂之間、理智與情感之間、理性與超越性之間、思想與信仰之間、知與不可知之間、愛智慧與智慧本身之間、康德所說的 Verstehen（了悟）與 Vernunft（理性）之間，形成了巨大的緊張和張力，使得兩方面的力量都發揮到了極限，理性和超越性都得到了最大發展。而在這個過程中，生長起了西方的偉大精神傳統。

二、從西方哲學中生長起來的精神傳統：偉大的成果

我所說的「哲學的精神」，就是指在西方哲學兩千年來似乎不成功的發展過程中生長起來的偉大的精神傳統。在這個精神傳統裡，可以相對地區分出三種精神，即宗教精神、科學精神、人文精神。我上面說到，西方哲學在其造成的頭腦與靈魂的緊張關係中，一方面超越性得到了發展，形成的就是宗教精神，另一方面理性得到了發展，形成的就是科學精神。與此同時，因為理性和超越性的發展，強烈意識到人做為精神性存在的尊嚴，對人性價值尤其是人的精神性價值予以尊重，這就是人文精神。我認為，這三種精神是中國文化傳統中比較缺乏的，因而是特別需要向西方學習的。

先說宗教精神。我說的是廣義的宗教精神，也就是超越性，即不滿足於像動物那樣僅僅是活著，要尋求超出生存以上的意義，要過一種有更高意義的精神性的生活。換句話說，就是不滿足於僅僅過肉體的、物質的生活，還要過靈魂的生活。超越性的反面是世俗性，就是滿足於過肉體的、物質的生活。一個民族如果沒有宗教精神，沉溺在世俗生活中，對靈魂生活沒有要求，那是很可悲的。西方宗教的歷史是從基督教傳入開始的，但是，實際上宗教精神一開始就隱含在希臘哲學對世界的追問裡，這是希伯來民族的宗教能夠被改造為西方本土宗教的基礎。

人的靈魂生活是從困惑開始的，無論民族還是個人都是這樣。當然，這是指那種大的困惑，對生命到底有沒有意義發出的根本性的困惑。也許最讓人困惑的問題是死亡的問題，當一個人意識到自己必然會死以後，他就會對生命有無意義感到困惑了。有困惑的人，其實他的靈魂是認真的，他不能容忍人生沒有意義、沒有根據，一定要問個明白、想個明白。這是一種對自己的人生負責的態度。認真的結果，就會特別看重靈魂的生活，把內在生活看得比外在生活重要得多。你的外在生活很好，有美滿的家庭、理想的職業，有很多錢，但是內心生活空虛、迷茫，你仍然會覺得沒意思。相反，內心充實，外在生活差一些就沒有太大關係。總的來說，我覺得西方哲學是重視和鼓勵靈魂生活的，形而上學實質上是終極關切，是要為人的靈魂生活尋找一個可靠的來源和歸宿。靈魂生活從困惑開始，經過認真的探索，最後要落腳在信仰上。

我很喜歡史懷哲的一個說法，就是「與世界整體建立精神聯繫」，這個說法簡潔地說明了靈魂生活和信仰的實質。首先，靈魂生活是指向世界整體的。人的其他生活，包括物質生活、認知活動、社會活動，都具有經驗性質，只和周圍的環境有關，都不是指向世界整體的，只有靈魂生活、信仰生活是超越有限的經驗世界、指向世界整體的。其次，相信世界整體具有一種精神性的本質。西方哲學就一直致力於證明這一點，最後雖然還是證明不了，但是，不屈不撓的求證過程貫穿著並且促進了這樣一種信念，就是人類的精神生活一定是有某種非物質的神聖來源的，它的價值是不可用物質來衡量的。其實，相信世界是一個整體，這個信念本身就包含了對它的精神本質的認定，因為如果僅僅是一個物質性的宇宙，就只是無秩序的混沌，不成其為整體。最後，憑藉對宇宙精神本質的信念，我們的靈魂生活與世界整體之間就建立起了一種根本的聯繫。這樣，我們就會相信並且感覺到，我們的任何精神性努力都是有根據的，是做為整體的人類精神生活的一個組成部分，不管在當下的世俗世界裡有無實際效果，都絕不是徒勞的。

相比之下，我覺得中國哲學是不鼓勵靈魂生活的。儒家也講個人的精神修養，但注重的是道德。道德可以是靈魂生活，也可以不是，就看有沒有超越性的指向。在西方哲學中，哲學家們往往是先建立一個形而上學的體系，再談倫理學。西方人最看重兩極，一極是個人的靈魂生活，另一極是宇宙的精神本質，也可以稱作上帝，在這兩極之間建立聯繫。道德屬於個人的靈魂生活，它的根據來自上帝，用康德的話說叫作絕對命令，所以完全是自律的，是要對自己的靈魂負責，對上帝負責。儒家的道德不講形而上的根據，沒有超越性的指向，它的根據是社會秩序，是政治，所謂修身、齊家、治國、平天下，修身是為治國、平天下服務的，個人的道德修養與社會的政治功利不可分，目的是建立或維護一種穩固的社會等級秩序。這裡面也有可取的成分，因為畢竟還重視個人的道德修養，不是一味追求事功，你搞政治也罷，經商也罷，做學問也罷，都要講道德。

可悲的是，現在比儒家時代更差，連這個傳統也沒有了，功利至上，不要道德，更不用說靈魂生活了。中國的知識分子往往也是沒有靈魂生活的。歐洲的知識分子也很關心社會，但他們往往是把對社會的關心與對自己靈魂的關心統一起來，在解決社會問題的同時也解決自己靈魂中的問題。可是，中國的學者中有幾人是把學術與自己的靈魂生活聯繫在一起的，有幾人是有真正的靈魂問題和靈魂生活的？

科學精神是對理性和知識的推崇，尤其表現為對非實用性的純粹智力生活的熱愛。我本人認為，非實用性是科學精神的最重要特徵，也就是把人的理性能力本身、人對世界的認知能力本身看作價值，從這種能力的運用和發展中獲得最大的樂趣。西方哲學從一開始就具有這個鮮明的特徵，它的出發點是對世界萬物的強烈的好奇心，而不是實用。關於這一點，亞里斯多德講得最清楚，他一再說，哲學是最不實用的學問，非實用性是由哲學的愛智慧的本性決定的，非實用性是哲學優於其他一切學問的地方。他指出，「思想純粹為了思想而思想，自限於它本身而不外向於它物，才是更高級的思想活動」，而這一特徵使得哲學成了「唯一的自由學術」、「為學術自身而成立的唯一學術」。西方的科學是從哲學中分離出來的，它骨子裡仍保持著哲學的非實用性品格，這一點在許多大科學家身上有充分的體現。凡是大科學家，都不會滿足於純粹的經驗研究，內心都始終懷著解開宇宙之謎的渴望，愛因斯坦把這種渴望稱作宇宙宗教感情，認為它是科學研究的最高動機。

當然，事實上西方科學產生了許多實用性的成果，不過，無論實用性的成果多麼偉大，技術如何進步，那都是科學精神的副產品，而且正因為有那種陶醉於探索過程、不問結果的科學精神，才會結出這樣豐碩的成果。這是科學研究的辯證法，偉大的目標產生偉大的結果，如果目標是渺小的，孜孜追求實用，反而在實用方面就收穫很小了。所以，我們向西方學習科學，最重要的是要學人家的科學精神，如果只是引進一些實用性的成果，就永遠不可能出大師，永遠只能跟在人家後面走。

上面談的是，從西方哲學中生長起了兩樣最寶貴的東西。一個是具有超越追求的靈魂。人是有靈魂的，人不應該滿足於物質性的世俗生活，而應該有更高的精神追求，這就是宗教精神。另一個是具有思考能力的頭腦。人是有頭腦的，人不應該把思考的目標局限在狹小的實用範圍內，而應該能夠享受思考本身的快樂，這就是科學精神。實際上，宗教精神和科學精神告訴我們的是同一件事，就是人是一種有靈魂、有頭腦的精神性存在，這是人的尊嚴之所在。那麼，人文精神是什麼呢？無非就是要我們認識到這一點，對於做為精神性存在的人的尊嚴要有自覺的意識，人文精神的核心概念是人的尊嚴。

因此，我們可以看到，實際上宗教精神和科學精神都可以落腳在人文精神上，都可以包括在人文精神裡。人生在世，第一要有真正屬於自己的靈魂，在對人生的態度上自己做主並且負起責任來；第二要有真正屬於自己的頭腦，在對世界的看法上自己做主並且負起責任來。在這兩方面都意識到並且體現出人的尊嚴，社會則要為這提供一個適宜的環境，建立起一種保護人的自由（包括精神自由）、維護所有個體的人的尊嚴的秩序。在我看來，西方社會之所以在這方面做得比較好，西方哲學功不可沒，這是從西方哲學兩千年來看似徒勞的追求中產生的最偉大的成果。

03

哲學的價值何在

哲學有沒有用？尤其在今天這個注重實用的時代，哲學的價值何在？這是人們議論得很多的問題，我談一談自己的看法。

一、哲學沒有實用價值

在一般人眼中，哲學是一種抽象、玄奧、枯燥、無用的東西，哲學家則是一些怪人，在實際生活中十分無能，差不多是呆子（與科學家相似）和瘋子（與藝術家相似）的雙料貨。這個印象大致是不錯的。事實上，哲學探討世界的本質、生命的意義之類大而無當的問題，確實沒有實際用處；哲學家對抽象思想本身入迷，對實際生活中的問題不甚關心，不同於常人，確實怪。

其實，對哲學的這種看法不自今日始。早在哲學發源的古希臘，哲學家已是人們嘲笑的對象。柏拉圖在《理想國》第六卷中說：「在人們眼中，哲學家是怪人、對城邦無用的人。」阿爾西拜阿底斯《筵話篇》講了一個故事：「蘇格拉底服兵役時，有一天，他站在同一個地方想事情，從清早到中午，又到傍晚。有幾個人搬來鋪蓋，想看他會不會站一整夜，結果果然站到了第二天早晨。」

說到哲學無用，如果用是指實用價值，這個說法百分之百正確，哲學的確是一切學科中最沒有實用價值的一門學科。因此，在當今這個最講求實用價值的時代，哲學受到冷落也就是當然的事情了。常常有人問我，報考哲學系好不好，我一律勸阻。從哲學系出來，難以找到工作，這是明擺著的。現代社會特別講求實用，整個社會的價值觀念變了。我上大學時，學科越不實用就越吃香。譬如說，理科比工科和醫農科吃香，那時候有一句話，叫作「學了數理化，走遍天下都不怕」。在文科中，文史哲都算好專業，沒本事的才讀財經之類。現在反過來了，越實用就越吃香，例如電腦專業、醫學、文科中的財經類專業和法律專業。西方也是這樣，會計師、律師、醫生可以算現代社會裡的鐵飯碗，掙錢比一般人多，並且是體面而穩定的職業。在我們國家，熱門的專業還要加上外語，因為學外語的人出國或者到外資公司謀職的機會多。

在中國，哲學曾經吃香過一陣，不過那種情況並不正常。那時候，哲學是被等同於政治的，讀哲學系差不多是通向仕途的一條捷徑。報考哲學系的多半是中學裡的學生幹部，他們以為搞哲學就是當幹部，事實上畢業後也真能當上幹部，哲學系的分配方向主要是各級黨政機關。現在，機關精簡，公務員下崗，這條路也斷了。在我看來，這倒是一種正常化。

哲學系本來就不應該是培養官員的地方，想當官的人應該進黨校或者行政管理學院。我很贊成收縮哲學系的規模，減少哲學從業者的人數。做為一門學科，哲學應該只由對哲學真正有興趣、有能力的極少數人去研究。從社會分工看，讓絕大多數人擁有一技之長並從事務實的職業，專業的務虛人員要少而精，我認為是合理的。哲學正因為沒有一點實用價值，專業上的要求就更高。搞文學藝術的，包括寫小說、畫畫、作曲、演戲等，才能差一些，搞出的東西多少還有娛樂的價值。可是，哲學本身不具備娛樂的價值，搞得差就真是一無價值了。在一定的意義上可以說，大眾需要差的文學藝術，那是一種文化消費，但沒有人需要差的哲學，因為哲學無論好壞都成不了消費品。一個人要嘛不需要哲學，一旦他感到需要，就必定是需要好的哲學。

當然，這只是事情的一個方面。另一方面，一個國家、一個民族可以不需要許多職業的哲學家，但是否就不需要哲學了呢？一個人可以不必讀哲學專業，但是否就不必關心哲學了呢？哲學沒有實用價值，是否就等於沒有任何用處了呢？

二、不實用正是哲學的價值

哲學沒有實用價值，在這一點上，哲學家與一般人的認識是一致的，分歧在對之的評價。在一般人看來，不實用是哲學的缺點。相反，在哲學家看來，不實用正是哲學的價值之所在，是哲學的大用。

哲學家的興趣在思想本身，能夠從思想本身獲得最大的快樂，而不關心其有沒有實用價值。這是哲學家的必備素質，不如此就不成其為哲學家。

為什麼說哲學的不實用恰恰是它的價值所在呢？可以從兩個方面看。第一，哲學所研究的問題，諸如世界的本質、生活的意義之類，的確是最不關實用的，但對它們的關心恰恰體現了人的神性。人為了生存，不得不注意實用，但如果停留於此，就與動物相去不遠。人有靈魂或曰理性，能夠關注這些不實用的問題，是人比動物最高貴的地方。第二，哲學解決這些問題不需要任何實際的手段，靠金錢、權力、革命、社會活動等也解決不了這些問題，唯一的手段是思想。正因為如此，哲學就是一種最為自足的活動。你要解決物質問題或者社會問題，離不開種種實際的手段，你要解決哲學問題，就只需自個兒在那裡沉思就可以了。

哲學關注的是人的精神生活，滿足的是人的精神需要。因此，哲學有沒有用，歸根究底取決於對精神價值的評價，亦即對個人和人類來說，精神生活有沒有用。正是在對精神價值的看法上，中西文化傳統顯示出了重大差異。我們中國人歷來把不實用看作缺點，對於哲學也強調要經世致用，這至少是儒家哲學的傳統。據我所知，在中國，接受西方哲學的影響，明確認識到不實用是哲學的價值之所在，並站在這個立場上來批評中國哲學的實用傳統的，王國維是最早的一個人。二十世紀初，西方哲學剛剛傳入中國，有的學校準備開設哲學課，當時大權在握的張之洞便抨擊哲學無用，堅決反對。針對這一論調，王國維在《教育世界》雜誌發表文章予以批駁。他指出，哲學就是形而上學，所探究的是宇宙和人生的根本道理，這些道理是「天下萬世之真理，故不能盡與一時一國之利益合，且有時不能相容，此即其神聖之所存也」。也就是說，哲學的不實用正是哲學的神聖之所在。他特別批評了中國的哲學家都太關注政治，太有政治抱負，中國沒有純粹的哲學，只有道德哲學、政治哲學。孔、孟、墨、荀，漢之賈誼、董仲舒，宋明理學家，骨子裡都是道德家、政治家，其結果是把哲學貶為政治和道德的手段，忘記了哲學的神聖之位置和獨立之價值。

我們一直有把哲學實用化的傾向。二十世紀六〇年代，所謂「工農兵學哲學用哲學」，實用化達於登峰造極，把哲學當作解決工作中、生活中一切具體問題的靈丹妙藥，無論遇到什麼問題，只要「一分為二」或「抓主要矛盾」似乎就都迎刃而解了。從總體上說，是政治實用主義，把哲學當作政治的工具。現在是市場實用主義，流行行銷哲學、卡內基式的處世哲學之類，教人如何賺錢、如何公關等等。應當指出，這裡所說的實用主義和實用主義哲學是兩回事，詹姆斯、杜威的實用主義哲學畢竟是哲學，是對一些根本問題的思考，而實用主義根本就不是哲學。哲學是智慧，不可與技巧、計謀、權術混為一談。我常常遇到這種情況：討論一個什麼問題，便會有人說，你拿哲學觀點分析一下吧。我一律婉謝，因為我不相信一種在任何事情上都可以插上一嘴的東西是哲學。哲學越是實用，哲學的含量就越少，就越不是哲學。

每個人需要哲學的程度，或說與哲學之關係密切的程度，取決於他對精神生活看重的程度，精神生活在他的人生中所占的位置或比重。大致有三種情況：極少數真正意義上的哲學家，哲學本身成為生活方式；重視生活意義和精神生活的人，哲學是精神生活的形式之一；不關注精神生活、靈魂中沒有問題的人，不需要哲學。

三、做為一種生活方式的哲學

哲學在生活中不能派上實際用場，不等於它和生活沒有關係。哲學與生活究竟是什麼關係呢？我的回答是：哲學本身就是生活，它是一種生活方式。對此雅斯佩斯有一個很好的說法：哲學的生活是靈魂在世間生活的方式，這是哲學思考的最終意義之所在。

在古希臘，當哲學發源之初，哲學是一種生活方式，這乃是不言而喻的事實，其特徵是愛智慧勝過愛其他一切。十九世紀七〇年代，日本人西周把這個詞譯為「哲學」。一八九六年前後，黃遵憲、康有為等把此譯名介紹到中國。「哲」的意思是賢明、智慧（《書一八九六．皋陶謨》：「知人則哲。」《詩．大雅》：「其維哲人，告之話言。」「下武維周，世有哲王。」《小雅》：「維此哲人，謂我劬勞。」《禮．檀弓》：「泰山其頹乎，梁木其壞乎，哲人其萎乎！」），應該說比較貼切，但丟掉了「愛智慧」的「愛」這一層意思。

許多哲學家都強調，做一個哲學家就意味著以哲學為生活方式，而不只是從事理論研究。柏拉圖說：「具備真正的哲學靈魂」的人，在他從事的無論何種職業活動中，在日常生活中，始終「堅持哲學」，痛恨相反的「生活方式」（《第七封信》）。愛比克泰德說：「你想當哲學家嗎？那麼，你必須捨棄一些愛好，同熟人疏遠，受到你的奴僕的鄙視，受到你所遇到的人的嘲笑。你將事事都不如別人順利——在任職方面、在榮譽方面、在法庭面前。你必須犧牲這一切，以換得平靜、自由和安寧。你不可能兩者兼得，要嘛培養自己的理性，要嘛服從別人的理性；要嘛專心於內心世界，要嘛專心於外部——也就是說，你要嘛做哲學家，要嘛做群氓。」（《手冊》）康德說：「哲學家的含義比學者的含義更深，他必須以自己為例顯示哲學對他的正確影響。」（《實踐理性批判》）。

那麼，一個人怎樣才算愛智慧，才是過一種哲學的生活呢？把哲學家們的有關論述加以歸納，我認為做為一種生活方式的哲學大致有以下這些特點。

第一，關心世界和人生的根本道理，力求從整體上把握世界和人生。世界在時間上是永恆的，在空間上是無限的，而一個人的生命卻極其短暫，凡是對這個對照感到驚心動魄的人大抵就有了一種哲學的氣質。那麼，他就會去追問世界的本質以及自己短暫的生命與這本質的關係，試圖通過某種方式在兩者之間建立一種聯繫。如果建立了這種聯繫，他就會覺得自己的生命好像有了一個穩固的基礎、一種永恆的終極的意義。否則，他便會感到不安，老是沒有著落似的。這就是所謂終極關切。所以，要過哲學的生活，前提之一就是先得有這樣一種氣質，已經對世界感到驚奇，對人生感到疑惑了。當然，如果沒有這種氣質，我看也沒有什麼不好，可以少受很多痛苦。

第二，除了理性的權威，不承認任何權威。哲學從整體上把握世界和人生的手段是理性，因此堅持獨立思考是哲學的生活的必有特徵。對於一切既有的理論、觀念、意見，哲學家都要追問其根據，經過自己的思考而決定取捨。任何形式的盲從，包括盲從既有理論、政黨立場、公眾輿論、流行觀念等等，都是哲學的生活之反面。

第三，關注思想本身而非其實用性，能夠從思想本身獲得最大的快樂。古希臘哲學家都具有以思想為至樂的特點，畢達哥拉斯發現了畢氏定理，殺一百頭牛慶祝，那心態何等天真、何等可愛。

第四，與社會現實保持一定的距離。哲學家對於社會現實可有兩種態度，一種是完全不關心，如黑格爾所說：哲學是一間隔離的聖所，它的祭司必須遠離俗世，潛心真理。另一種是有所關心，但他是站在永恆的立場上來看時代，從堅守人類最基本的精神價值的角度來關心政治的。席勒說：「在精神的意義上，擺脫特定國家和時代的束縛，做一切時代的公民，是哲學家的特權和責任。」羅素引伯奈特對畢達哥拉斯倫理觀的描述：「在現世生活裡有三種人，正像到奧林匹克運動會上來的也有三種人一樣。」最低一等是做買賣的，其次是來競賽的，最高一等是來觀看的，哲學家相當於這最後一種人。在這一點上，柏拉圖有些想不開。他在《理想國》第六卷中談到：「配得上研究哲學的人只有極少數，他們如同落入野獸群中一樣，只好保持沉默，只注意自己的事情。因此，哲學需要找到如它本身一樣最善的政治制度。」由此提出了哲學家王的理想，試圖通過賦予哲學家以最高權力來為哲學的生長創造一個最佳環境。在我看來，這只能是烏托邦。

第五，為了精神的自由而安於簡樸的物質生活。古希臘許多哲學家為了過哲學的生活，自願放棄權力或財產。現在這樣的人少了，但仍然有，例如維根斯坦維特根斯坦放棄大筆遺產，並且不肯以哲學為職業。把哲學做為自己的生活方式，過一種哲學的生活，這是極高的境界，在全部歷史上也只有很少的人能夠達到，當然不能對一般人提出這個要求。但是，我們至少可以把哲學當作精神生活的一種形式，在過世俗生活的同時，能夠常常進行哲學的思考。

四、哲學與現代人的精神生活

現代人的精神處境有兩個顯著特點：一是虛無主義，信仰普遍失落；二是物質主義，商業化潮流席捲天下，影響到生活方式、精神生活、人際關係各個方面。在此情形下，有精神追求的人感到困惑、苦悶、彷徨。而哲學一方面尋求信仰，另一方面又具有探索性質，它的這個特點也許能夠使之成為處於困惑中的現代人的最合適的精神生活方式。在精神生活方面，哲學至少能為現代人提供以下幫助：

第一，哲學使我們在沒有確定信仰的情況下仍能過一種有信仰的生活。哲學使我們保持對某種最高精神價值的嚮往，我們不能確知這種價值是什麼，我們甚至不能證實它是否確實存在，可是，由於我們為自己保留了這種可能性，我們的整個生存便會呈現不同的面貌。

第二，哲學使我們在信仰問題上持一種寬容的態度。哲學所關注的是人類那些最基本的精神價值，而任何宗教信仰中真正有價值的部分也都是對這些基本價值的維護和堅守，教義之爭或者發生於其他問題上，或者是由於違背了這些基本價值。哲學的思考有助於把人們的目光引導到哲學基本價值上來，促使有不同宗教信仰的人求同存異，和平共處。

第三，哲學的沉思給了我們一種開闊的眼光，使我們不致沉淪於勞作和消費的現代漩渦，仍然保持住心靈生活的水準。在現代社會中，生存競爭十分激烈，人們尤其青年人往往會面臨精神追求與生存競爭之間的衝突，為此感到困惑。一個人在精神方面投入太多，必然會疏於物質的追求。在利益的競爭中，面對唯利是圖的奸人，品行好的人也很容易吃虧。對於這個問題，我也拿不出更好的解決辦法。我們也許只能這樣想：如果精神追求真正是出於內心的需要，那麼，我們理應甘願承擔為此不得不付出的代價，包括物質利益方面可能遭受的損失。事情取決於你看重什麼，僅僅是實際利益，還是人生的總體品質。在這方面，哲學能夠使我們對人生的總體品質有一個正確的判斷力，對於世俗意義上的成敗有一種比較超脫的態度，在競爭中為自己保留內在的自由。當然，這不妨礙在可能的情形下，對精神需要和生存需要儘量兼顧。我贊成海耶克的意見：由市場決定報酬是公正的，不能根據品行來決定，品行無權索取物質報酬。不過，我相信，在現代的市場競爭中，綜合素質是更加重要的，其中也包括精神素質。市場上的大手筆往往出自精神視野寬闊的人，玩弄小伎倆的人雖能得逞於一時，但絕沒有大出息。

註解

註1

二律背反：康德的哲學概念。意指對同一個對象或問題所形成的兩種理論或學說雖然各自成立但卻相互矛盾的現象，又譯作二律背馳，相互衝突或自相矛盾。

註2

大寫的人：典出自高爾基，他早年寫過一篇散文詩就叫〈人〉，其中的「人」一詞都是像專有名詞那樣首字母大寫，表示一種理想的人格。後來「大寫的人」成爲蘇聯很流行的一句習語。五○年代，隨著蘇聯文學的流行和政治宣傳，這個說法在中國也風靡一時。

註3

三十僭主：公元前四○四年，斯巴達人擊敗了雅典人，結束了長達二十七年的伯羅奔尼撒戰爭。這是一場兩敗俱傷的戰爭，雙方都面臨經濟衰退、農民破產、貴族專權、豪富橫行的局面。此時，曾經是蘇格拉底的學生克里底亞和查米迪斯組成了三十人僭主集團。被雅典人引以爲榮的民主被廢止了，代之是豪權政治。這個集團在執政的八個月中就處死了一千五百人，致使人民大量流離逃亡。八個月後，三十人僭主集團垮台，民主制恢復。克里底亞和查米迪斯被處死。蘇格拉底也因爲受倒牽連，被加上莫須有的罪名而被判死刑。

VIEW 049

追尋這世界的祕密：周國平哲思集

作　者—周國平
主　編—李國祥
責任編輯—麥可欣
企　畫—葉蘭芳
封面設計—許紘維

總 編 輯—李采洪
發 行 人—趙政岷
出 版 者—時報文化出版企業股份有限公司
一〇八〇三臺北市和平西路三段二四〇號三樓
發行專線—（〇二）二三〇六—六八四二
讀者服務專線—〇八〇〇—二三一—七〇五
（〇二）二三〇四—七一〇三
讀者服務傳真—（〇二）二三〇四—六八五八
郵撥—一九三四四七二四 時報文化出版公司
信箱—臺北郵政七九～九九信箱
時報悅讀網—http://www.readingtimes.com.tw
電子郵件信箱—genre@readingtimes.com.tw
法律顧問—理律法律事務所 陳長文律師、李念祖律師
印刷—勁達印刷股份有限公司
初版一刷—二〇一八年三月十六日
定價—新臺幣三五〇元
行政院新聞局局版北市業字第八〇號

時報文化出版公司成立於一九七五年，
並於一九九九年股票上櫃公開發行，於二〇〇八年脫離中時集團非屬旺中，
以「尊重智慧與創意的文化事業」為信念。

圖書館出版品預行編目(CIP)資料

追尋這世界的祕密：周國平哲思集 / 周國平作；--
初版. -- 臺北市：時報文化, 2018.03
面；公分. -- (VIEW；49)

ISBN 978-957-13-7336-2(平裝)

原書名：我們都是孤獨的行路人
作者：周國平
本港澳臺繁體版，由中南博集天卷文化傳媒有限公司
經北京同舟人和文化發展有限公司代理
授權出版發行